어린 변호사

어린 변호사

허교범 글 | 현단 그림

금요일

1심 선고 _9

토요일

1차 만남 _19
회상 _26
항의 _31
사건의 개요 _37
변호사의 선언 _42

목요일

방해 _83
변호사의 제안 _89
반장의 노력 _96
계획 _102

금요일

오전의 나른함 _115
재판 시작 _119
실패 _124
자세의 문제 _129
마음의 씨앗 _135
새 증인 _141
충격적인 고백 _148
실험한 이유 _153
3대 2, 혹은 3대 1대 1 _158

토요일

메시지 _163

작가의 말 _174

1심 선고

 피고인은 교실 한가운데 홀로 서 있었다. 팔이 닿을 만큼 가까운 거리에는 아무도 없었다. 교실에는 사람이 많았지만 혼자였다.
 사람은 사람이 많은 곳에서도 혼자가 될 수 있다. 그걸 깨닫기에는 너무 어린 나이였지만 그만 깨달아 버렸다.
 어깨는 구부정했고 나이에 걸맞지 않게 길쭉한 몸도 볼품없이 휘어져 있었다. 앙다문 입술에서 감출 수 없는 분노가 드러났다. 하지만 누구도 공격할 생각은 없어 보였다.
 분노는 안으로 꽉 뭉치고 뭉친 끝에 마음을 사각사각 갉아먹는 벌레가 되었다. 그 소리를 계속 듣다 보면 정신이 나갈 것 같았다. 차라리 얼른 결론이 나왔으면 하는 생각만 들었다.
 "피고인, 마지막으로 할 말 있습니까?"
 그렇게 묻는 사람은 교실에 있는 사람 중 유일한 어른이었고 재판장이었다. 좌우에 있는 어린 판사들과 마찬가지로 표정이 심각했다. 평소에도 잘 웃지 않았지만 지금 표정은 더 차가웠다. 아이들은 괜히 작은 농담이라도 던졌다가 평생 죄책감에 시달릴 것 같은 느낌을 받았다.

"저는 하지 않았습니다."

주머니에는 미리 작성한 원고를 적은 종이가 있었다. 피고인은 그걸 꺼내는 것도 귀찮게 여겼다. 어차피 끝났어. 다 끝났어.

"정말이에요."

한마디 한마디 꺼내는 것이 힘들었다.

"억울합니다."

마지막 말에는 울음기 비슷한 것이 실려 있었다. 왼쪽에 서 있는 어린 검사는 입가에 살며시 미소를 띠며 그 말을 들었다. 검사는 이 반의 반장이기도 했다.

오른쪽 벽에 기대고 선 변호사는 자기도 모르게 고개를 흔들었다. 피고인과 같은 분노는 없었다. 처음부터 의욕이 없었다. 어차피 발버둥 쳐도 이길 수 없는 재판이었다. 모두 쇼였다. 재판장이자 담임 선생님이 재미로 벌이는 쇼.

"끝인가요?"

"네……."

"그러면 지금부터 배심원이 될 다섯 명을 뽑겠습니다. 배심원으로 뽑힌 사람들은 복도에 나가서 상의한 다음 결론이 나면 돌아와 주세요."

뽑기가 진행되는 동안 피고인은 고개를 숙이고 있었다. 드르륵 소리가 나며 문이 열리더니 다시 드르륵 소리를 내며 닫혔다.

피고인은 잠시 후 다시 문소리가 들리자 겨우 고개를 들어 교실 뒤편의 시계를 확인했다. 아까 배심원들이 나갈 때 시계를 보지 않았으니 긴 바늘이 겨우 숫자 하나를 건넜다는 것은 알 수 없었다.

"결론이 나왔나요?"

"네."

배심원 대표가 대답했다.

"그러면 결과가 적힌 종이를 주세요."

쪽지를 확인한 판사 세 사람의 표정에는 큰 변화가 없었다. 잠시 어린 판사들과 속삭인 끝에 재판장이 고개를 끄덕였다.

"피고인 송성희는……."

재판장은 일부러 극적인 순간을 위해 잠시 멈췄다. 모두의 귀에서 분위기를 고조시키는 북소리가 들렸다.

"유죄입니다. 앞으로 두 달 동안 학급 당번을 도맡아서 하게 됩니다."

"저는 정말 아니에요!"

갑작스러운 정적이 교실을 뒤덮었다. 재판장이 입을 열 때까지 모두 눈알만 굴렸다.

"그러면 항소하겠습니까?"

다시 재판을 받겠는지 물은 다음 재판장의 설명이 이어졌다.

"본래 세 번까지 가능하지만 우리는 학급 재판이고 시간이 없으니 다음번이 마지막 재판이 될 겁니다. 그때도 유죄가 나오면 피고인도 받아들여야 해요. 알겠죠?"

피고인 송성희는 힘없이 고개를 끄덕였다. 일단 재판을 끌어 할 수 있는 데까지 버텨 보아야 했다. 자기가 하지 않은 일에 대해서 순순히 벌을 받을 수는 없었다. 재판 과정이 아무리 지긋지긋해도 누명을 쓸 수는 없었다. 벌보다 아이들의 시선이 두려웠다.

피고인보다 더 절망한 것처럼 보이는 사람은 변호사였다. 반쯤 억지로 떠맡은 일을 또 해야 하다니 자신이 없었다. 피고인은 그 모습을 힐끗 확인하고 다시 입술을 깨물었다.

"그리고 저……."

"네?"

"변호사를 바꾸고 싶어요."

변호사는 기쁜 표정을 겨우 감췄다. 재판장은 감추지 못하고 환하게 웃었다. 일생의 소원을 이룬 사람 같았다.

"변호사를 바꾸고 싶다고요?"

"네."

"좋아요."

재판장은 잘 생각했어요, 하고 덧붙이려다가 마음을 바꿨다.

"누가 성희의 변호사가 되어 줄 건가요? 변호사 없이 혼자 재판받는 건 안 돼요."

아이들은 주위를 둘러보았다. 아무도 손을 들지 않았다.

"정말 없어요?"

궁금해하기보다는 강요하는 것 같아서 몇 사람이 움찔했다. 그래도 나서는 사람은 없었다. 귀찮고 의미 없는 일이었다. 성희가 그 일을 저질렀다는 사실을 모두가 알고 있었다.

누구도 맡을 생각이 없다는 것을 알고 있는 아이들의 눈이 재판장에게 집중되었다. 자, 선생님이 이 문제를 어떻게 해결하는지 한번 볼까?

재판장도 아이들의 그런 시선을 모르지 않았다. 하지만 믿는 구석이 있는 사람처럼 여유만만했다.

"성희에게는 변호사가 필요해요. 누가 그 역할을 맡을래요? 마지막으로 묻는 거예요."

듣기에 따라서는 협박 같은 구석도 있었다. 사실 재판장은 아까부터 한 곳만 바라보고 있었다. 선생님의 매서운 눈빛이 기적을 일으킨 것처럼 손 하나가 서서히 공중으로 떠올랐다.

"제가."

"응?"

"제가 할게요."

아이들의 눈이 일제히 한곳으로 쏠렸다. 실망하는 소리가 여기저기서 터져 나왔다. 쟤가 한다고? 쟤는 말도 거의 안 하는 아이잖아? 난 같은 반이지만 쟤 목소리도 잘 몰라. 아무도 말하지 않는데 그런 외침이 교실을 맴도는 것 같았다.

"자, 조용."

재판장도 그렇게 말해 놓고 나서야 아무도 말한 사람이 없다는 사실을 깨달았다.

"성희를 위해 변호사가 되겠다고?"

"네."

어째 내키지 않는 듯한 대답이었다.

"좋아. 그러면 성희의 새 변호사가 정해졌어요."

피고인은 즉각 반발했다.

"선생님, 저는……."

재판장은 팔을 크게 휘저어 말을 막았다. 하마터면 옆에 앉은 어린 판사의 이마를 수박처럼 두드릴 뻔했다.

"변호사가 없으면 재판을 진행할 수 없어. 그리고 변호사를 하겠다는 사람이 한 명밖에 없으니까 다른 선택은 없어. 재판은 일주일 후, 그러니까 다음 주 금요일에 진행됩니다. 검사와 피고인과 변호인은 잘 준비해 오세요."

"알겠습니다."

검사는 자신 있다는 듯이 흥겹게 대답한 다음 피고인 쪽을 보았다. 자신감 넘치는 모습이 피고인에게는 매우, 아주, 심히 재수 없어 보였다. 그보다 적당한 말은 누구도 찾지 못할 것이다. 재수 없는 자신감.

　반장인 검사는 이 반에서 가장 영향력 있는 아이였다. 키도 반에서 가장 컸다. 담임 선생님보다도 크고 남자아이 중에서도 여자인 반장보다 더 큰 사람이 없었다.

　반장이 말하면 모두 그 말을 따랐다. 가끔 반항하는 남자아이에게는 주먹이 날아왔다. 장난이라지만 팔뚝에 그 주먹이 꽂히면 보통 마음을 바꾸게 되어 있었다.

　반장이 아니어도 모두가 따르는데 반장이 되면서 존재감이 더 강해졌다. 그런 아이가 피고인 성희를 미워했다. 담임 선생님은 반장에게 판사 자리를 권유했지만 반장은 검사 역할을 맡겠다고 나섰다. 피고인을 파멸시키려는 목적이 너무 뚜렷해서 둔한 아이들도 악의를 느끼고 머리가 쭈뼛 설 지경이었다.

　그리고 새로 변호사를 맡겠다고 나선 남자아이는 반에서 영향력이 가장 미미한 사람이었다. 아이들과 어울리지도 않고 혼자 조용히 책만 읽는 아이였다. 읽는 책도 그 나이에 맞지 않는 어른 소설뿐이라 다른 아이들과 공감할 구석이 없었다. 말도 거의 하지 않았다. 딱히 별명이랄 것도 없었지만 언제부터인가 음침한 아이로 불렸다.

　반에서 가장 영향력 있는 아이와 영향력이 전혀 없는 아이의 대결이라니. 재판장은 상상만 해도 몸이 떨릴 만큼 즐거웠다. 성희와 반장을 비롯한 반 아이들은 결과가 이미 정해졌다고 생각하는 모양이지만 재판장이자 담임 선생님의 생각은 달랐다.
너희들이 상상도 못 한 일이 기다리고 있을 거야.
재판까지 이레, 일곱 날이 남았다.

1차 만남

생전 처음 와 보는 도서관 계단을 오르면서 성희는 짜증을 냈다. 여기는 왜 에스컬레이터도 없는 거야?

음침한 새 변호사라면 아마도 이렇게 설명했을 것이다. 여긴 도서관 건물 앞이고 실외잖아? 에스컬레이터를 설치하면 관리하기가 어려울 거야. 계단을 오르기 싫으면 저쪽 휠체어를 위한 길로 돌아서 오면 되는데 그게 멀다고 계단을 선택했으니 받아들여. 그보다 겨우 계단 이삼십 개 올라오면서 숨을 헉헉대다니 운동 부족 아니야?

진짜로 변호사가 한 말이 아닌데도 성희는 미운 감정이 솟아났다. 하기는 그 아이라면 이렇게 길게 설명하지도 않았을 것이다. 같은 반이어도 여태껏 목소리를 들어 본 일이 몇 번 없었다. 담임 선생님도 진작 포기했는지 발표 같은 것도 잘 시키지 않았다.

계단을 다 오르니 도서관 정문이 맞아 주었다. 변호사의 모습이 보이지 않아서 유리문을 밀고 안으로 들어갔다.

로비라기에는 너무 작은 공간이 나타났다. 정면에는 엘리베이터와 화장실이 보였고 왼쪽에는 어린이 자료실이 있었다. 그 옆에는 지하 매점이자 식당으로 가는 계단이 나왔다. 오른쪽에는 2층으로 올라가는 계단이 보였다. 조금 전 경험 때문인지 보기만 해도 괜히 울컥 화가 났다.

"내일 아침 10시에 도서관으로 와."

어제 재판이 끝나고 변호사가 다가와 그렇게 말했다. 아니, 속삭였다. 성희는 재판에서 패배하고 정신이 나간 와중에도 일단 거절했다.

"둘이 따로 만나자고? 싫은데?"

남들이 들을까 봐 성희의 목소리도 덩달아 작아졌다. 변호사는 경멸하는 표정으로 성희를 쳐다보았다.

"그러면 또 지든가?"

"어?"

대답을 듣지도 않고 돌아서는 어깨에 무어라고 쏘아붙이고 싶었지만 그때 성희는 그럴 기운이 없었다. 재판에서 피고인 역할을 한 것만으로 이미 녹초가 되어 있었다.

집에 와서 하루 동안 있었던 일을 되새겨 보아도 짜증 나고 재수 없고 음침한 새 변호사가 원래보다 더 싫어지지는 않았다. 이미 싫어할 만큼 싫어하는 중이라 더 나빠질 감정이 따로 없었다. 오히려 기대가 약간 생겼다.

그러면 또 지든가? 그렇게 자신 있게 말하는 건 확실하게 이길 방법이 있다는 뜻인가? 안 돼, 성희야. 넌 지금 정상이 아니야. 너무 힘들어서 그래. 정신 차려. 그런 아이를 믿을 수는 없어.

마음의 고민이 아직 완전히 해결된 건 아니었지만 토요일 오전 9시 30분에 성희는 외출복을 입고 신발을 신고 있었다.

지푸라기라도 붙잡아야 하니까. 그 지푸라기한테 이야기를 들어 보고 헛소리하면 곧바로 집에 돌아오면 돼. 월요일에 선생님을 찾아가서 변호사를 바꿔 달라고 해야지.

그러면 또 지든가. 그 말이 성희를 움직이게 했다. 음침한 아이답게 소심해서 말도 제대로 못 한다고 생각했는데 차갑게 내뱉은 그 한마디는 어쨌든 아주 약간 믿음직스러웠.

성희는 도서관까지 걸어가면서 자기가 나쁜 사람에게 약한 타입이 아닌가 진지하게 고민했다. 기억을 되짚어 보면 드라마나 영화나 책에서 항상 주인공과 싸우는 냉정한 캐릭터를 더 좋아하기는 했다.

아무튼 이런 생각은 도서관 계단을 오르면서 지치는 바람에 전부 흩어졌다. 성희는 어디로 가야 하나 묻고 싶었지만 변호사의 전화번호 같은 것은 당연히 몰랐다.

"안 온 거 아니야?"

주변에 아무도 없다고 생각해서 저절로 목소리가 나왔다.

"여기 있어."

2층으로 가는 계단 쪽에서 불쑥 사람 얼굴이 나타났다.

"헉, 놀랐잖아?"

햇볕이 잘 들지 않는 계단 난간에 기댄 음침한 얼굴은 그야말로 비열한 악당처럼 보였다. 물론 변호사는 아무것도 모르고 한 행동이었지만 성희의 호감을 사기에는 반갑게 맞이해 주는 것보다 천 배 정도 나았다.

"2층으로 가자."

"계단을 또 올라가라고?"

"그러면 다시 내려가서 저기 엘리베이터를 타고 와."

성희는 엘리베이터가 6층에 머물러 있는 것을 확인하고 그냥 계단 쪽을 선택했다.

등산하듯이 힘겹게 올라가서 보니 저 멀리 복도 끝에 선 변호사가 이리로 오라고 손짓했다.

"술래잡기도 아니고."

변호사는 금세 모습을 감췄다. 그가 있던 자리에 가서 보니 왼쪽에 사람 한 명이 간신히 통과할 만한 좁은 통로가 나 있었다. 성희는 조금 망설이며 그 안으로 들어갔다.

안에는 흰 테이블 두 개와 노란 의자 다섯 개가 적당히 배치되어 있었다. 창가를 따라 달린 ㄱ자 모양의 난간도 흰색이었다. 난간 왼쪽 끝에는 육중한 전자레인지 하나가 놓여 있었다. 노랑과 하양만

가득해서 계란을 떠올리게 하는 배경에 어울리지 않게 칙칙한 검은색이었다.

노른자, 아니, 노란 의자 중 하나에 변호사가 앉아 있었다. 성희는 눈짓으로 이게 뭐냐고 물었다.

"우리 회의 장소야. 토요일 오전에는 사람이 거의 없어."

그는 성희가 묻지도 않은 설명을 덧붙였다.

"널 배려해서 여기를 회의 장소로 고른 거야."

"배려?"

말투가 조금 퉁명스럽게 나왔다. 변호사는 익숙한 듯 전혀 신경 쓰지 않았다.

"내가 변호사가 되었다고 해도 나 같은 사람이랑 주말에 단둘이 있는 건 남들에게 들키기 싫을 테니까. 반 아이 중에 여기 오는 사람은 한 명도 없어. 걱정하지 마."

"너 같은 사람이라니······."

"음침."

음침이란 단어를 듣는 순간 성희는 괜히 자기가 그 별명을 지은 것처럼 부끄러워졌다.

"알았어?"

"뭘?"

"그 말."

"아, 음침? 난 바보도 아니고 귀가 안 들리는 것도 아니야. 다들 맨날 떠드는데 어떻게 몰라?"

"그렇구나."

성희는 딱히 할 말이 없어서 노른자, 아니, 노란 의자 중 깨끗해 보이는 걸 골라서 앉았다. 둘이 앉은 의자는 마주 보지 않고 적당히 비껴 있었다.

"그런데 사실 궁금한 게 있어."

성희가 전자레인지를 보며 말했다. 물론 전자레인지가 아니라 변호사에게 궁금한 것이 있었다.

"뭔데?"

"왜 내 변호사가 되겠다고 했어? 나랑 친한 사이는 아니잖아."

그렇게 따지면 변호사는 반의 누구하고도 친하지 않았다.

"아, 그거."

변호사가 혼자 낄낄 웃더니 입을 열었다. 음침한 태도였다.

회상

　변호사는 교실에 친구가 없었다. 작년에도 그랬냐고 물어보면 그렇지는 않았다. 친구를 쉽게 사귀지 못하는 성격이었지만 그래도 친구라고 부를 만한 사람이 두 명 정도 있었다. 그중 한 명은 올해 다른 반이 되었고 한 명은 진작 전학을 갔다. 슬프기는 했지만 삶에서 흔하게 겪는 변화였다.

　봄에는 그래도 새 친구를 사귀어야 하지 않나 고민했지만 며칠이 지나자 망설임이 사라졌다. 그는 사람 보는 눈이 나이에 비해 아주 뛰어나다고 스스로 믿었다. 이 교실에서는 아무리 찾아보아도 그의 친구가 될 만한 사람이 전혀 보이지 않았다.

　포기하자.

　그렇게 간단히 결정하고 올해를 독서의 해로 정했다. 친구가 없으면 책을 읽을 시간을 더 많이 확보할 수 있었다. 주말마다 도서관에 가서 책을 빌렸고 어쩌다가 너무 일찍 다 읽어 버리면 학교 도서관을 이용했다.

변호사는 자기 또래를 위한 책은 이미 오래전부터 읽지 않았다. 주로 어른들을 위해 쓴 소설만 읽었다.

수업이 다 끝나도 교실에 혼자 30분 이상 남아 있는 일도 가끔 있었다. 적막한 교실이야말로 책을 읽기에 최적의 장소였다. 그러나 담임 선생님이 교실에 남아 있는 날은 일찍 집으로 돌아갔다.

담임 선생님은 변호사가 혼자 교실에 남아서 책을 읽는다는 사실을 이미 알고 있었다. 변호사는 담임 선생님의 주변을 떠도는 소문 때문에 방심해서 관찰당하는 줄 몰랐다.

그 소문이란 성희도 잘 아는 것이었는데, 담임 선생님의 아버지가 엄청난 부자라서 사실은 전혀 일할 필요가 없지만 심심해서 선생님을 하고 있다는 내용이었다. 방학이 되면 전 세계의 고급 휴양지에서 쉬고 온다는 보충 설명도 있었다.

어디서부터 시작된 소문인지 모르겠지만 변호사의 반은 물론이고 옆 반에도 그 이야기를 들어보지 않은 사람이 없었다. 아이들은 이런 이야기에 관심이 아주 많았다. 그래도 담임 선생님에게 직접 묻는 사람은 없었다. 몇 년 전에 그랬던 학생 하나가 불벼락을 맞았다는 말이 있었다.

변호사의 방심은 담임 선생님이 취미로 일하고 있으니 자기 학생들에게 큰 관심이 없고, 그래서 교실에 혼자 남아 관찰 대상이 되

회상 27

어도 위험하지 않다는 착각으로 이어졌다. 사실 담임 선생님은 변호사를 오래전부터 살피며 기회를 엿보고 있었다.

"무슨 책을 읽니?"

어느 날 고양이처럼 소리 없이 나타난 선생님이 등 뒤에서 물었을 때 변호사는 후회했다. 교실에 혼자 남는 것은 지혜롭지 않은 선택이었다.

"선생님이 봐도 되지?"

곧바로 책을 집은 것을 보면 처음부터 거절을 받아들일 생각이 없음을 알 수 있었다.

"법정 스릴러? 아, 재판 이야기라는 거지?"

"네."

"재미있어?"

아니라고 말하고 싶었지만 솔직히 재미는 있었다.

"네……."

"재판 이야기면 누가 주인공이지?"

선생님은 책 뒷면의 소개를 보고 스스로 답을 찾았다. 변호사가 주인공이었다. 누명을 쓴 의뢰인을 구해 주는 내용이었다.

"혹시 변호사가 꿈이야?"

"아니요."

그런 책을 읽는다고 변호사가 꿈인지 묻는 것은 너무 성의가 없었다.

"하지만 이런 책을 읽는다면 재판이 어떻게 진행되는지 다른 아이들보다 잘 알겠네?"

"그렇겠죠?"

"나한테 묻는 거야?"

"전 다른 아이들이 뭘 얼마나 아는지 잘 몰라요."

"아, 그래."

이 아이는 반에 친구가 없지. 담임 선생님은 이미 알고 있었다. 아이들은 많은 것을 드러내지 않으려고 항상 감추는 버릇이 있었지만, 그들의 눈빛과 태도와 말을 받아들이다 보면 원하지 않아도 거의 모든 사실을 저절로 알게 되었다. 일부러 무심하게 군다면 또 모를까.

"아이들은 재판에 대해 아는 게 없어. 아마 네가 제일 잘 알 거야. 한 달 전부터 이 작가 책만 읽던데. 이 사람은 그런 소설을 많이 쓰잖아."

선생님은 괜한 사실을 말했다고 생각했다. 변호사도 똑같이 생각했다. 그래도 이제 관찰당하고 있다는 사실을 알았으니 더 조심스럽게 행동할 것이다.

"미국이라, 미국 소설이라 한국 재판하고는 달라요."

"괜찮아. 완전히 다른 건 아니니까. 그 정도면 충분해."

"네?"

"응?"

"뭐가 충분해요?"

그때 담임 선생님은 학급 재판에 대한 원대한 계획을 처음 학생에게 털어놓았다. 변호사는 반대하지 않았지만 자기가 그 일부가 되기는 싫었다.

"네가 나서고 싶지 않은 마음은 이해해. 일단 아이들한테 재판 방식에 대해 수업하고 변호사를 뽑을 거야. 아마 성희 친구 중 하나가 변호사로 나서겠지. 하지만 분명히 질 거야. 아이들의 생각을 바꾸는 건 쉽지 않으니까. 그때 네가 새로운 변호사가 되어 이 사건을 뒤집는 거지. 어때?"

"싫은데요."

"싫다고?"

"네."

"왜?"

선생님은 도무지 이해가 가지 않는다는 듯이 물었다. 이렇게 쉬운 문제를 이해하지 못하다니.

"귀찮잖아요."

"하지만 이 이야기를 들으면 생각이 달라질걸?"

듣고 있던 변호사의 눈빛이 강하게 흔들렸다. 이러면, 이러면 거절할 수 없지.

항의

"그게 뭐였는데?"

"뭐가?"

"선생님의 이야기. 듣고 나니까 거절할 수 없었다며?"

변호사는 대답 대신 성희의 얼굴을 노골적으로 빤히 바라보았다. 그 뻔뻔스러움에 성희의 볼이 약간 붉게 변했다.

"왜, 왜 그래?"

"선생님이 거절할 수 없는 제안을 했어."

변호사는 입술을 살짝 깨물며 웃었다. 난처해하는 모습을 성희는 보지 못했다.

"어떤 제안?"

"뒷자리."

"으응?"

"1년 동안 지금 앉아 있는 맨 구석 뒷자리에 앉을 수 있게 해 준댔어."

"어떻게 그래? 뽑기잖아?"

자리는 한 달에 한 번 제비뽑기로 정하게 되어 있었다.

"결과를 보고 발표하는 사람은 선생님이잖아."

"아, 그건 반칙이야."

변호사는 어깨를 으쓱해 보였다.

"내가 알 바 아니야. 난 그 자리에 1년 동안 계속 앉고 싶어."

"그럼 그 자리 때문에 내 변호사가 되었다는 거야?"

그런 이야기를 듣고 기분이 좋을 사람은 없었다. 성희의 몸이 의자에서 떨어지려는 것을 보고 변호사가 다급함을 숨기며 외쳤다.

"어차피 이기기만 하면 되잖아?"

그 말은 효과가 있었다. 성희도 계속 엉거주춤하게 서 있기 어려워서 다시 의자에 몸을 맡겼다.

"이긴다고?"

"응."

"무리야. 힘들어. 아이들은 다 반장 편이야. 반장이 말하면 사실이 아닌 것도 사실이 돼."

"그리고 반장은 날 싫어하지."

변호사가 담담하게 말했다. 마치 남 이야기하듯 평온했다.

"왜?"

"이유는 없어. 그런 아이들은 나 같은 아이들을 싫어해. 보기만 해도 기분이 나빠지나 봐."

성희는 떳떳하게 고개를 들지 못했다. 평소에 변호사를 보면서 반장과 아이들과 같은 생각을 했다. 음침한 아이. 이제 그 아이가 도움이 된다고 해서 항상 같은 편이었다고 말하는 것은 양심이 허락하지 않았다.

"괜찮아. 그 아이는 원래 그 모양이니까. 나도 반장이랑 사이가 좋지 않아."

성희는 일부러 과장되게 말하며 죄책감을 털어 냈다.

"넌 또 왜?"

"3월에 걔가 반장이 되고 나서 사건이 좀 있었어."

"그래서 반장이 널 공격하는 일에 그렇게 열심이었구나."

"뭐, 그렇지. 하하."

성희는 애써 밝게 웃었다.

"무슨 일이 있었는데?"

"뭐였는지 자세히 기억나지 않는데 우리 무슨 행사 같은 거 하고 간식 봉지 나눠 준 적 있잖아?"

"아, 그때?"

"응, 그때 한 줄로 서서 차례대로 봉지를 하나씩 가지고 자기 자리로 돌아갔잖아. 나는 어쩌다 보니까 맨 끝에 섰는데 상자 안에 남은 봉지가 딱 하나였던 거야. 상자 옆에 서 있던 반장이랑 눈이

딱 마주쳤지."

"그래서?"

"잠깐 망설였지만 반장이 자기 봉지는 따로 챙겨 뒀겠지, 하고 생각해서 마지막 하나 남은 걸 가지고 왔어. 그런데 알고 보니까 아니었던 거야. 봉지 개수가 하나 모자랐던 거지. 나중에 반장이 아이들한테 얘기해서 알게 되었어. 그때부터 나는 반장한테 미움받는 사람이었어."

"식탐이 대단하구나."

"응?"

"간식 봉지 때문에 사람한테 원한을 품다니."

"그러게, 생각해 보니까 네 말이 맞아. 식탐 괴물이야."

성희는 변호사와 한마음으로 웃다가 중요한 사실을 하나 깨달았다. 변호사와 자기는 사실 언제나 같은 처지였다. 반에서 반장에게 미움받는 사람들이었다. 그동안 어째서 그걸 이해하지 못하고 음침한 아이라고만 여겼을까?

변호사와 성희의 반에서는 반장을 따라야만 중심 세력이 될 수 있었다. 물론 반장과 친하지 않은 아이들도 꽤 있었는데, 성희는 지금까지 그 속에 섞여 들어 문제없이 지냈기 때문에 변호사를 마음껏 얕볼 수 있었다.

그러나 변호사를 음침한 아이로 모는 것은 반장과 친한 아이들이 개발한 장난이었다. 성희는 자기도 모르게 자기를 미워하는 반장의 편견을 그대로 따르고 있었다.

"뭘 그렇게 생각해?"

"아무것도 아니야."

"이제 네 차례야."

"뭐가?"

"내가 왜 변호사를 맡게 되었는지 알려 줬으니까 너도 나한테 알려 줘야지."

"뭘?"

"무슨 일이 있었는지."

"알잖아, 내가……."

"난 진짜 아무것도 몰라."

성희는 황당해져서 되물었다.

"어떻게 그럴 수 있어? 재판하는 걸 봤잖아?"

"아니, 난 그거 재미없어서 혼자 책 읽고 있었어."

이런, 이런 놈이 변호사가 되다니. 조금은 믿을 만하다고 생각했는데.

성희는 재판 때만큼이나 화가 났다. 변호사가 얼른 성희의 손등에 손가락을 대며 말렸다.

"내가 옛날에 어떻게 했는지는 중요한 게 아니잖아. 중요한 건 우리가 이기는 거야. 그 이야기를 듣기만 하면 난 이길 수 있어."

구멍 난 풍선처럼 화가 순식간에 수그러들었다. 성희는 변호사의 말을 사실로 받아들이려 노력할 필요가 없었다. 그냥 저절로 믿음이 생겼다. 어째서인지는 조금 있다가 집에 가서 고민할 예정이었다.

사건의 개요

그 일은 체육 시간을 전후로 일어났다. 매주 수요일 2교시에는 체육 수업이 있었다. 아이들은 체육복으로 갈아입고 운동장이나 강당으로 달려갔다.

담임 선생님은 교실에 남아 있을 때도 있었고 교무실에 있을 때도 있었다. 특별한 기준은 없었고 그날 마음이 내키는 대로 했다. 사건이 일어난 날은 당연히 교무실에 있었다. 담임 선생님이 교실에 있었더라면 애초에 일어나지 않았을 사건이었다.

선생님이 자리를 비우더라도 따로 문을 잠가 두거나 하지는 않았다. 다시 여는 것이 번거롭기도 했고 다른 반 아이가 교실에 몰래 들어오거나 물건이 사라지는 일이 없었기에 아무도 특별히 신경쓰지 않았다.

그날 체육 시간에는 편을 나눠 피구 대결을 했다. 성희는 반장과 다른 편이 되었다. 반장은 큰 키에서 나오는 파워로 혼자 공격을 주도했다.

하늘에서 벼락처럼 내리꽂히는 공을 맞고 아이들은 속절없이 아웃되었다. 겁먹고 도망치려던 아이들은 등짝이나 엉덩이에 공을 맞았다. 호기롭게 공을 잡겠다고 맞선 아이들은 손가락이나 가슴을 맞는다는 점만 달랐지 공을 잡을 수는 없었다.

첫 번째 게임은 반장 팀의 완승으로 끝이 났다. 두 번째 게임도 마찬가지였다. 반장은 평소 마음에 들지 않던 성희를 보고 개구쟁이라기보다는 악마 같은 표정을 지으며 두 번이나 공격을 날렸다. 성희는 두 번 다 잽싸게 피했지만 부작용이 있었다.

"선생님."

성희가 손을 들었다.

"발목을 삔 것 같아요."

경기가 잠시 중단되었다. 성희는 보건실에 가도 좋다는 허락을 받았다. 성희와 가장 친한 친구가 달려와서 부축했다. 나중에 1심에서 성희의 변호사가 되는 이 친구의 이름은 여수였다. 사람들은 여수가 전라남도 여수와 무슨 관계가 있는지 궁금해했지만, 사실 아무 관계도 없었다. 그냥 우연히 이름이 같았다.

성희는 몇 걸음 걷더니 여수의 부축을 가볍게 뿌리쳤다.

"괜찮아, 여수야. 나 혼자 갈 수 있을 것 같아."

성희는 걱정하는 여수의 얼굴을 등 뒤에 두고 발목에 무리가 가지 않게 천천히 걸었다. 보건실에서 간단한 치료를 받은 다음 앉아서 쉬다가 수업 시간이 칠팔 분쯤 남았을 때 보건실을 나왔다. 다른 아이들보다 먼저 체육복을 갈아입고 교실에 가서 쉬기 위해서였다.

그리고 교실에 들어가서 폭풍이 몰아친 것 같은 풍경을 목격했다. 한 사람의 책상이 넘어지고 가방이 품은 물건을 토해 낸 모습을 보았다. 바닥에 내팽개쳐진 빨간 가방에는 짓밟은 자국이 대충 세어도 다섯 개 이상 남아 있었다.

"이게, 이게 뭐야?"

당황해서 혼잣말이 나왔다. 성희의 책상은 빨간 가방 주인의 바로 뒷자리에 있었다. 성희는 다친 발목에 힘을 주지 않으려고 천천히 걸어가서 바닥에 떨어진 물건을 하나씩 주워 담았다. 먼지가 묻고 부러진 물건을 볼 때마다 한숨이 나왔다.

성희는 평소 심장이 약하다는 소리를 자주 들었다. 눈앞에 펼쳐진 광경이 사람의 악한 마음을 숨김없이 드러낸 것이었기에 숨을 쉬기 버거울 정도로 놀란 상태였다. 그래서 수업이 끝났음을 알리는 종소리가 울린 것도 모르고 있었다. 성희의 귀에는 분명히 그 소리가 들어갔겠지만, 뇌가 해석하는 것을 뒤로 미뤄 두었다.

반 아이 중에는 체육 시간이 끝나면 옷을 갈아입지 않고 곧바로 교실로 달려오는 사람도 몇 명 있었다. 아예 아침부터 체육복을 입고 오는 아이들이었다. 담임 선생님은 이왕이면 갈아입을 옷을 따

로 챙기라고 했지만, 말을 듣지 않는 아이는 언제 어디에나 있는 법이었다.

 그 아이들이 번개처럼 달려와 교실 문을 열었다. 성희는 쭈그리고 앉아 물건을 줍다가 아이들과 눈이 마주쳤다.

 아이들은 성희와 달랐다. 그 상황을 보고 놀라기는커녕 즐거워했다. 아이들의 눈매에 감도는 기운은 분명히 기쁨을 담고 있었다. 지루한 학교생활에 재미있는 일이 생겼다. 나와는 상관없는 일이니까 슬프거나 걱정할 필요가 없다.

 그런 생각까지 읽었다면 성희는 사람에 대해 더욱 실망했을 것이다. 하지만 어차피 다음에 이어지는 외침도 성희를 실망하게 하기는 마찬가지였다.

 "송성희가……."
 "송성희다!"

변호사의 선언

"그런 바보 같은 이유로 범인이 되었다고?"
"응."
"왜 주웠어? 그냥 가만히 놔뒀으면 되었잖아?"
"현진이가 그 모습을 보면 충격받을 것 같아서 정리해 주려고 한 거야."

현진은 피해자의 이름이었다.

"넌 착하구나."
"사람들은 다 그래."
"아니야, 그렇지 않아. 나라면 남의 일이니까 그냥 보기만 했을 거야."

성희는 다시 반박하려고 들지 않았다.

"그래서 현진이는 네가 한 행동을 고맙게 생각해?"

"아니, 걔도 나한테 왜 그랬냐고 물었어. 우리, 원래 꽤 친한 사이였는데……."

성희가 시무룩해진 모습을 보고 변호사는 미간을 찌푸렸다. 착한 사람은 언제나 피해를 당한다. 세상에는 아주 착한 사람이 약간, 아주 나쁜 사람도 약간, 양쪽 다 아닌 사람이 잔뜩 있다. 나쁜 사람은 언제나 착한 사람을 찾아다니는데 그건 늑대가 양을 찾는 것과 이유가 같다.

이것이 변호사의 생각이었다. 변호사는 세상을 믿지 않았다.

이번에도 착한 사람이 나쁜 사람의 죄를 대신 뒤집어썼다. 그리고 반장, 변호사의 기준으로는 확실히 나쁜 사람이 자기 인기를 이용해 검사가 되어 착한 사람을 마구 공격했다. 착한 사람은 이대로라면 모두에게 나쁜 사람으로 찍힐 것이다. 사실이 아니지만 어쨌든 반 아이들 전부가 그렇게 믿을 테고 그러면 사실이 되는 세상이었다.

변호사는 왠지 화가 났다. 몰래 주먹을 쥐었다 펴면서 화를 달래려고 해도 쉽게 되지 않았다. 고민 끝에 나온 해결책은 크게 외치는 것이었다.

"간단하네!"

변호사의 고함 아닌 고함을 들은 성희는 그를 똑바로 바라보았다.

"이게 간단하다고?"

"우리가 이기면 돼."

"무리야. 선생님이 결정하는 게 아니라 배심원이 정하는 거야. 하지만 아무도 날 믿지 않아."

"그건 오히려 잘된 일이야."

"그게 잘된 일이라고?"

"생각해 봐. 선생님이 널 무죄로 판결해도 아이들은 믿지 않을 거야. 넌 계속 따돌림을 당할 거라고. 그러니까 배심원들의 마음을 설득해서 무죄가 되는 게 최선이지. 그러면 너도 확실히 누명을 벗는 거니까."

"하지만……."

"배심원은 판사도 검사도 변호사도 아닌 사람 중에 다섯 명을 추첨해서 뽑는 거였지?"

"응."

"그중에서 네 편은 몇 명이나 있어?"

"글쎄, 세 명, 네 명?"

"누구누구야?"

성희는 이름을 알려 주었다. 그중 한 명은 1심에서 변호사를 맡았던 여수였다.

"처음 배심원이 되었던 아이들은?"

성희는 다섯 명의 이름이 불리는 순간을 똑똑히 기억했다. 평소라면 금방 잊어버렸겠지만 이번에는 절대로 잊을 수 없었다.

"얘네들 다섯 명 중 네 편은 있었어?"

"아니, 네 명은 반장 편이고 한 명은 별로 안 친해서 나도 잘 모르겠어."

변호사는 갑자기 생각났다는 듯이 가방에서 종이 한 장을 꺼냈다. 변호사와 성희의 반 명단이었다. 번호부터 이름까지 차례로 적힌 것을 보면 평소 담임 선생님이 사용하는 종이였다.

"이건 어디서 났어?"

"받았어."

"담임 선생님한테?"

"응, 변호사가 되는 조건으로 이 종이를 달라고 했어."

"이건 그냥 이름이랑 번호가 적힌 종이잖아."

"이게 우리가 승리하는 무기가 될 거야."

왠지 모르게 이 말이 믿음직스러워 성희는 울컥했다. 하지만 변호사가 명단에 코를 박고 있어서 표정을 들키지 않을 수 있었다.

"이게 놀라운 힘을 발휘할 거야."

알 수 없는 기호를 이름 옆 빈칸에 적어 대면서 변호사가 중얼거렸다.

재판까지 엿새, 여섯 날이 남았다.

안전하지 않은 거리

"걔가 그렇게 말을 많이 했어? 진짜?"

"응, 교실에서는 말을 거의 안 해서 몰랐는데 말을 되게 잘하더라. 좀 놀랐어."

"그래?"

"그리고 이길 수 있다고 했어."

여수의 눈이 동그래졌다. 어쩌면 말하면서 입으로 쉴 새 없이 집어 넣는 팥빙수 때문에 갑작스러운 두통이 찾아왔거나 이가 시린 탓일 수도 있겠지만, 지금은 확실히 성희의 말이 원인인 것 같았다.

"이길 수 있대?"

"응, 솔직히 엄청 믿음직스러웠어. 뭔가 따로 계획이 있는 것 같았어."

성희가 남몰래 미소 짓는 모습을 보고 놀리고 싶은 마음이 솟아

났지만 여수는 꾹 참았다. 자기가 변호사가 되어 제대로 변호해 주지 못한 것이 마음에 걸렸다. 금요일 저녁에 성희는 화가 나서 여수의 연락에 답장도 하지 않았다. 토요일 오후가 되어서야 성희가 응답하면서 화해의 실마리가 보였고 일요일에 만나서는 다시 우정이 완전히 회복되었다. 둘은 몇 년째 일요일만 되면 빠짐없이 교회에서 만나는 사이였다.

"하지만 어른 변호사가 와도 이길 수 있을까? 우리 반 아이들은 꽉 잡혔어."

"반장한테?"

"응, 난 반장이 매일 걔들한테 월급이라도 주는지 의심한 적도 있다니까. 왜 다들 그렇게 강아지처럼 꼬리를 살랑살랑 흔드는 거야?"

강아지 꼬리처럼 동작이 유연하고 부드럽지는 않았지만 여수는 굳이 숟가락을 살랑살랑 흔들며 자기 말을 보충했다.

"그래도 내년에는 다른 반이 될 수도 있잖아. 그러면 해방이야."

"하지만 내년에 같은 학교 가서 같은 반이 되면 걔가 또 반장일 거야. 다른 반은 2학기가 되면 반장을 바꾼다는데 왜 우리는 그대로인 거야?"

여수의 불만을 듣던 성희가 황급하게 여수의 어깨를 치며 몸을 테이블 아래로 낮추었다.

"왜, 왜 그래?"

여수는 성희의 눈길을 따라갔다가 반장과 친구들이 마침 카페 밖을 지나는 것을 보고 헉 소리를 내며 고개를 숙였다.

"우리가 보일까?"

"나도 모르겠어."

눈높이를 낮춘 덕분에 성희의 시야를 커다란 빙수 그릇이 가로막았다. 한때는 굳건하게 솟아 있었던 빙수는 두 사람의 숟가락이 맹렬하게 공격하는 것을 견디지 못하고 엉망으로 허물어진 상태였다. 성희는 자기 몸과 마음 상태를 표현하는 예술 작품이 있다면 딱 그런 모양일 거라고 생각했다.

반장의 좌우에는 친구가 한 명씩 붙어 있었는데 어떻게 보면 신하처럼 보이기도 했다. 반장은 가운데서 의기양양하게 걸었고 양쪽의 아이들은 함께 웃고 있지만 약간 위축된 모습이었다.

반장의 시선이 잠깐 카페 안쪽을 향하는 듯해서 성희와 여수는 가슴이 철렁했다. 하지만 곧 무심하게 얼굴을 돌리더니 시야에서 사라졌다.

"깜짝 놀랐네. 이제 이 동네도 마음 놓고 못 다니겠어."

여수는 한숨을 푹 내쉬었다.

"그런데 우리가 왜 무서워하는 거야?"

성희가 물었다.

"그러게. 왜지?"

"그러게나. 왜일까?"

"에라, 모르겠다. 빙수나 퍼먹자."

여수가 아직 무너지지 않고 잘 뭉쳐 있는 얼음 가루들을 숟가락으로 푹푹 찍었다. 성희는 얼음 파편이 그릇 밖으로 튀어나오는 모습을 보면서 이유 없이 마음이 후련해졌다.

둘은 한참 뒤에 카페를 나와 창문을 확인했다. 내부에서는 밖이 훤히 보이지만 바깥에서는 안이 가려지는 유리였다.

"괜히 졸았어. 안 보이잖아?"

여수는 조금 전 겁먹은 것이 억울하다는 듯 소리를 질렀다.

"그러게. 반장이 초능력자도 아니고."

"그러게."

둘은 신이 나서 뛰다시피 거리를 지나갔다. 반장과 친구들이 얼마나 가까이 있는지 알면 그럴 수 없었을 테지만 거대한 상자 같은 건물 하나가 벽이 되어 주었다. 반장과 성희는 겨우 건물 하나를 사이에 두고 있었다.

성희는 이날 마음이 붕 떠 있었다. 마음이 한없이 가벼워져 하늘을 날아오를 듯했다. 물론 실제로 그럴 수 있다면 건물 반대편에 있는 반장을 보고 기분이 팍 상할 테니 땅에 붙어 있는 쪽이 나았다.

사건이 벌어지고 나서 일요일은 성희에게 항상 고통스러운 시간이었다. 주말에는 반 아이들을 피해 집에서 쉴 수 있지만 월요일이 되면 다시 교실에서 범인 취급을 받아야 했다. 남의 물건을 특별한 이유도 없이 함부로 훼손한 폭력적인 아이가 되어야 했다.

하지만 사람에게 나쁜 일만 일어나라는 법은 없으니 생각하지도 못했던 구원자가 나타나 무죄를 밝혀 주게 되어 있었다. 성희는 변호사를 그렇게 굳게 믿었다.

재판까지 닷새, 다섯 날이 남았다.

볼펜 사건

 학교 운동장을 밟는 성희의 발걸음은 가벼웠다. 어제의 기운이 고스란히 남은 덕분이었다. 여수에게조차 밝힐 수 없었지만 어젯밤에는 설레서 잠도 잘 오지 않았다.
 교실에 들어섰을 때 먼저 와 있는 아이들의 눈빛을 보고 나서야 현실로 다시 돌아올 수 있었다. 비행은 끝나고 추락이 시작되었다. 성희를 쳐다보는 눈빛은 지난주와 전혀 달라진 것이 없었다. 차가웠고 거리를 두고 있었다.
 우리와 너는 달라.
 말하지 않아도 목소리가 들리는 것 같았다. 합창하듯 모두 함께 내는 목소리였다.
 우리와 달라.
 너는 달라.

우리와 너는.

덜컥, 현실의 걱정이 빗장을 푸는 소리가 들렸다. 한번 막혔던 물길이 뚫리자 세찬 물줄기가 쏟아져 성희의 심장과 간과 뇌는 물속에 잠긴 상태가 되었다. 생각은커녕 숨조차 쉬기 어려웠다.

여수가 다가와 어깨에 살며시 손을 얹어 주지 않았다면 성희는 그대로 교실에서 도망쳤을 것이다. 여수가 속삭였다.

"괜찮아."

"괜찮아?"

끝을 제대로 듣지 못해서 달래는 것인지 묻는 것인지 알 수 없었다. 어느 쪽이든 상관없었다. 말을 걸어 주는 사람이 있다는 사실이 중요했다. 한 번 크게 심호흡하자 겨우 다시 움직일 수 있는 상태가 되었다.

성희는 아이들의 시선이 몸을 자꾸 밀어내는 것 같은 감각을 버티며 자리에 앉았다. 변호사는 한쪽 구석에 존재감 없이 앉아서 그 광경을 가만히 보고 있었다. 토요일의 변호사는 빛이 났건만 월요일이 오자 다시 교실의 음침한 아이가 되어 있었다. 주변에 관심을 보이며 손에 든 수첩에 뭔가를 적는다는 점만 평소와 달랐다.

성희는 여수를 보고 무슨 말을 하려는지 알아차렸다. 친구라면 가끔 말하지 않아도 말이 통했다. 성희야, 내가 보기에 쟤는 널 구하기 어려워 보여. 평소랑 똑같아.

성희도 같은 생각을 했다. 내가 너무 힘들어서 제정신이 아니었던 거야. 저런 아이가 날 구할 거라고 믿다니. 저 아이는 자기 자신도 구하지 못하는걸.

성희는 고개를 숙인 변호사의 입가가 가볍게 씰룩이는 것을 보았다. 그는 웃고 있었다. 자포자기한 건지 아니면 뭔가 비밀스러운 일을 계획하는지 몰라도 남몰래 웃는 것은 분명했다. 그 모습이 성희에게 작은 희망을 주었지만, 다른 아이들이 보기에는 괜히 더 음침하게만 보여 가까이 가고 싶은 마음을 사라지게 했다.

변호사, 음침한 아이를 빼고 보면 월요일 수업에 크게 달라진 점은 없었다. 담임 선생님은 변호사가 수첩을 한시도 놓지 않으며 주위를 두리번거리는 모습을 보고도 주의를 주지 않았다. 분명히 변호사 일과 상관이 있었다. 가끔 고개를 끄덕이며 수첩에 무언가를 적는 모습을 보면 확실했다.

선생님은 자기가 맡긴 거의 불가능해 보이는 임무를 변호사가 어떻게 돌파할지 아주 큰 관심이 있었다. 처음부터 그럴 가능성이 보여서 맡겼다. 가능성을 현실로 만드는 것은 어려운 일이다. 변호사와 같은 어린 나이의 사람에게는 더 어려운 일이었다. 어쨌든 선생님은 변호사가 가만히 있지 않고 열심히 움직이기만 한다면 수업을 듣지 않는 정도는 얼마든지 봐줄 생각이 있었다.

다른 아이들의 생각은 선생님과 달랐다. 지금까지 변호사는, 음침한 아이는 교실에서 무슨 행동을 하건 남에게 큰 관심을 끌지 못했다. 그런데 그가 스스로 변호사가 되겠다고 한 순간 그 흐름이 변했다.

아이들은 변호사에게 작은 관심을 품었다. 그리고 그의 예사롭지 않은 행동을 알아차렸다. 그는 수첩 하나를 손에 놓지 않고 무언가를 계속 적는 중이었다.

그 모습이 가장 불편한 사람은 역시 반장이었다. 그녀는 일부러 반에서 장난기가 가장 심한 남자아이 곁에 다가가 바람을 불어넣었다.

"쟤, 아까부터 애들을 몰래 쳐다보면서 자꾸 수첩에 뭘 적는다. 뭘 적는 걸까? 궁금하지 않아?"

"나도 궁금해."

반장은 거기까지만 해도 충분하다고 생각했다. 사람을 조종하기란 어렵다고 알려졌지만 때로는 또 아주 쉽기도 했다.

남자아이는 변호사의 곁으로 다가섰다. 변호사는 수첩을 응시하며 입술을 지그시 깨물고 있었다. 고개를 들어 상대의 얼굴을 보기만 했어도 의도를 금방 알아차렸을 텐데 생각에 집중하느라 주변 일은 안중에 없었다.

남자아이의 손이 잽싸게 움직였다. 작고 둔탁한 소리와 함께 수첩의 소유권이 넘어갔다.

"이게 뭐야?"

남자아이는 긴 팔을 변호사 반대 방향으로 뻗어 변호사가 가져갈 수 없게 한 다음 수첩을 읽으려고 했다.

"이게…… 뭐야?"

수첩에는 숫자와 기호와 도형만 복잡하게 적혀 있었고 글자는 하나도 없었다.

변호사는 교실에서 수첩에 뭔가를 적으면 그 내용이 끝내 비밀이 되기 어렵다는 것을 잘 알고 있었다. 지난 금요일까지는 혼자 조용히 뭔가를 해도 눈에 띄지 않았겠지만 이제는 반 아이들의 관심이 자기에게 향할 것도 예상했다. 그래서 처음부터 모든 정보를 자기만 알아볼 수 있게 비밀 문자로 정리해 둔 참이었다.

이 비밀 문자라는 것이 대단히 복잡하지는 않았다. 하지만 평소에 논리적인 생각을 해 본 적이 없는 두뇌에는 외국어만큼 어려웠다.

변호사는 교실을 훑어보며 이 소동의 원인이 반장이라는 사실을 어렴풋이 짐작할 수 있었다. 그리고 저 멀리서 성희가 걱정스러운 얼굴로 자기를 보는 모습도 확인했다.

"돌려줘."

"싫은데?"

수첩을 뺏은 아이는 자기가 하는 행동이 장난이라고 생각하는 모양이었다.

"돌려줘."

"싫다고. 어쩔 건데?"

진정한 장난이라면 위협이 동반되지 않아야 했다. 하지만 변호사는 아무래도 좋았다. 아이들의 시선이 두 사람에게 집중되어 있었다. 여기서 어떻게 행동하는지가 중요했다. 금요일까지 해야 할 일이 아직 많이 남았다. 벌써 행동에 제약이 생긴다면 작은 가능성조차 사라질 판이었다.

언제나 그렇지만 이런 일이 일어날 때는 담임 선생님이 교실에 없었다. 변호사는 선생님에게 일러서 수첩을 돌려받으면 재판에서 이길 수 없다는 것을 알았다. 스스로 지키는 모습을 보여야 아이들의 여론을 돌려놓을 수 있었다.

혼자만을 위해서라면 선생님에게 의지하는 것이 더 안전한 방법이었다. 그러나 지금 변호사가 당한 곤란한 상황을 보고 달려오려는 성희를 구하기 위해서라면 그게 좋다고 말할 수 없었다.

지금 교실에 있는 아이들은 배심원이 될 아이들이었다. 성희의 무죄를 결정할 아이들이었다. 변호사는 이 아이들을 믿지 않았다. 그래서 결심했다.

"돌려줘."

목소리에 아까와 다르게 비장한 기운이 묻어났다. 그와 동시에 변호사의 손가락이 움직였다.

딸깍.

볼펜 꼭지를 누르는 소리였다. 볼펜 끝에서 뾰족한 심이 튀어나왔다. 이 소리와 동시에 갑자기 교실 전체에 정적이 내려앉았다. 모두가 약속한 것처럼 대화와 행동을 멈추고 변호사의 손을 바라보았다. 변호사는 볼펜을 아까와 사뭇 다른 방식으로 쥐고 있었다.

볼펜이란 본래 글씨를 쓰는 데 이용하는 물건이라 엄지와 검지와 중지로 잡고 나머지 두 손가락으로 받치는 것이 보통이었다. 지금 변호사는 주먹을 꽉 쥐고 그 안쪽에 볼펜을 품은 상태였다. 그 자세는 글씨를 쓸 때는 영 불편하지만 뭔가를 내려찍기에 아주 적합했다.

변호사는 자기가 음침한 아이로 여겨지는 것을 알았다. 음침한 아이는 뭔가 돌발적인 행동을 저지를지도 몰라 아이들이 두려워하는 존재인 것도 알았다.

너희들이 원하는 모습을 보여 주지.

변호사는 일부러 볼펜을 든 손을 과장되게 움찔거렸다.

수첩을 든 아이에게서 두려움이 떠올랐다가 사라졌다. 변호사는 처음부터 그 흔적에 정신을 집중했기에 곧바로 알 수 있었다. 그러면 충분했다. 잠시라도 두려움이 보였다는 말은 지금도 완전히 사라지지 않았다는 말이다. 처음부터 무덤덤했다면 전략이 먹히지 않았다는 뜻이지만 사람은 조금 전까지 떨다가 갑자기 당당해질 수 없었다. 대신 다들 어려도 그런 척하는 일에는 능숙했다.

"돌려줘."

변호사는 상대가 돌려주고 싶어 하는 마음을 느낄 수 있었다. 수첩에는 아무런 가치가 없었다. 반장이자 검사인 아이에게는 모를까 이 아이에게는 쓸모가 없었다. 그는 변호사가 당황하는 모습을 보면서 즐길 생각이었지 이렇게 귀찮은 일에 휘말릴 의도는 없었다. 지금 수첩을 돌려주면 자존심이 상하는 일이지만 계속 가지고 있다가 아이들이 음침하다고 말하는 아이에게 볼펜으로 찍힐 마음도 없었다.

그러면 피부에 상처가 날 테고 찌른 부분이 볼펜 끝이라 파란 잉크가 들어갈 것이다. 한번 피부로 들어간 잉크는 사라지지 않고 남아서 점처럼 보일 것이다. 어쩌면 잉크 안에 있는 안 좋은 성분 때문에 병에 걸릴지도 모른다. 누나가 예전에 했던 말도 떠올랐다. 옛날에 실수로 박힌 샤프심이 아직도 몸에 남아 있다면서 툭하면 검은 점을 보여 주었다.

음침한 아이가 어딜 찌를지도 걱정되었다. 팔을 찔린다면 그나마 다행이겠지만 목이나 얼굴을 찔리는 것은 무서웠다.

하지만 여기서 물러나면 아이들이 기억할 것이다. 그것도 겁이 났다. 비웃음을 당하는 것은 볼펜에 찔리는 것만큼이나 아프고 큰 상처다. 지금까지 많은 아이를 비웃고 상처를 입힌 주제에 정작 이 순간에 와서 수첩을 든 아이는 그렇게 자기 안전만 생각했다.

"찌르면 안 돼."

성희가 달려왔지만 둘 사이에는 끼어들지 못한 채 그렇게 외쳤다. 변호사는 이 말을 듣고 기뻤다. 지금까지는 변호사가 정말로 볼펜을 휘두를 수 있을지 의심하는 아이들이 있었다면, 성희의 말은 판사의 판결처럼 확실하게 그런 일이 일어날 거라는 생각을 심어 주었다.

그래, 저 음침한 아이는 볼펜을 휘두를 수 있어. 이상한 아이니까. 정상이 아니라면 그럴 수 있어.

"그리고 너, 그 수첩을 빼앗으면 재판을 방해하는 거야. 얘는 변호사니까. 너도 나처럼 재판받아야 해."

재판을 받아야 한다고? 그 끔찍한 재판을? 더는 버틸 재간이 없었다. 후퇴하려면 지금이 마지막 기회였다.

"됐다. 재미없네."

손을 떠난 수첩이 포물선을 그리며 팔랑팔랑 날았다. 변호사가 수첩을 잡았을 때 상대는 이미 등을 돌리고 있었다. 겉으로는 온갖 멋있는 척을 다 했지만, 아이들은 그의 패배라고 생각했다. 재판이 끝나고 학년이 끝날 때까지 그는 더 이상 장난을 좋아하는 아이로 남을 수 없었다. 아이들은 모두 볼펜과 딸깍거리는 소리로만 그를 기억했다. 그는 나중에 어른이 되어서도 꼭지를 누르면 딸깍 소리가 나는 볼펜은 절대로 쓰지 않았다.

"도와줘서 고마워."

변호사가 낮게 속삭였다. 입이 보이지 않게 고개를 숙이고 있어서 가까이 서 있는 성희만 알아차렸다.

"대신 이제부터는 네가 나를 도와줘야 해."

성희는 응, 하고 대답하는 소리를 들은 것도 같았지만 어쩌면 환청일 수도 있었다.

재판까지 나흘, 네 날이 남았다.

충격

 월요일부터 한바탕 소동을 겪었기에 화요일은 좀 조용히 보내나 싶었다. 아침까지만 해도 그런 분위기였다. 누구도 변호사를 쳐다보지 않았다. 변호사는 시끄러운 교실에서 혼자 평안을 누렸다. 남들이 아무리 떠들어도 변호사 귀에는 아무 말도 들리지 않았다.
 손에는 여전히 볼펜과 수첩이 들려 있었다. 변호사는 아이들을 보며 끊임없이 뭔가를 적었다. 그 모습이 가장 꼴 보기 싫은 사람은 당연히 반장이었다.
 "장우야. 너 어제 봤잖아. 뭐라고 적혀 있었어?"
 수첩을 빼앗았던 아이의 이름이 장우였다.
 "외계인."
 "뭐?"
 "외계인 말 같았다고. 한국어는 하나도 없었어. 이상한 도형만 잔뜩 있었어."

"여기다 대충 비슷하게 그려 봐."

포기할 법도 하건만 반장은 집요했다. 권력을 지키기 위해서는 당연히 그런 태도가 필요했다. 이번 금요일 재판에서 성희를 유죄로 만들지 못하면 반장의 권위가 무너지게 되어 있었다.

"쟤가 틀렸어."

"쟤는 대단한 줄 알았는데 평범한 사람이었어."

"그렇게 안 봤는데……."

"생각보다 별로였네."

그런 이야기는 아이들의 머릿속에서 끄집어낸 것이 아니라 모두 반장 머릿속에서 나왔다. 진짜가 아닌데도, 진짜가 아니라서 사람을 울컥 화나게 했다.

반장은 어제 변호사에게서 수첩을 빼앗았던 장우가 어설프게 따라 그린 것을 보고 그것이 무엇을 의미하는지 곧바로 알았다. 너무 쉬워서 모를 수가 없었다. 교실이었다. 변호사는 모두가 앉은 자리를 그려 놓고 그 위에 여러 가지 도형과 기호를 표시했다.

변호사는 평소에 소설책만 읽지 반 아이들에게는 도통 관심이 없었다. 그런 변호사에게 사람을 관찰하는 취미가 새로 생겼을 리 없었다. 그는 변호사가 되었기 때문에, 변호사로서 아이들을 분석하고 있었다.

반장은 멀리 있는 변호사를 한번 째려보았다. 화가 나는 동시에 약간은 두려워졌다. 이제는 저 음침한 인간이 남몰래 음모까지 꾸미고 있었다.

"음침한 주제에 뭘 할 수 있겠어?"

이렇게라도 내뱉지 않으면 두려움이 더 커질 것 같아서 두려웠다. 반장은 자기 말을 들은 사람이 있는지 얼른 주위를 살폈다.

화요일에는 체육 수업이 있었다. 성희가 범인으로 몰렸던 일은 2주 전 바로 이 시간에 일어났다. 체육이라는 과목에 잘못이 있는 것이 아니었지만, 이후로 성희는 체육 시간이 다가오면 가슴이 두근거리고 숨을 쉬기가 약간 어려워졌다.

사건이 벌어지고 나서도 여전히 교실 문은 잠그지 않았다. 모두가 범인을 알았고, 범인이 재판받고 있으니 다른 조치는 필요하지 않았다.

변호사와 성희네 반 아이들은 단 한 명도 빼놓지 않고 체육관에 모였다. 이번에는 중간에 보건실에 가는 아이도 없었다. 체육 선생님이 남달리 커다란 두 눈으로 항상 지켜보고 있으니 살짝 빠져나가는 것도 불가능했다.

선생님의 별명은 개구리였다. 본인도 인정할 정도로 개구리와 닮은 사람이었다. 하지만 아이들이 자신을 개구리로 부르는 것은 참지 못했다. 반드시 개구리 선생님이라고 불러야 했다. 개구리는 예의가 없지만 개구리 선생님은 친근함이 담긴 표현이었다.

이날의 종목은 줄넘기였다. 성희는 멀쩡해진 발목으로 점프하며 예전에 일어난 일을 원망했다. 만약 그때 발목을 다치지만 않았더라면 범인으로 의심받는 일도 없고 재판도 없었을 텐데. 발목을 다친 것도 반장 덕분이었고, 재판에서 진 것도 검사인 반장 덕분이었다. 어쩌면 이 모든 일을 다 반장이 계획한 게 아닐까 의심스러웠지만 반장이 세상을 마음대로 조종하는 게 아닌 이상 그럴 수는 없었다.

성희는 왼쪽 대각선 뒤쪽에서 건성건성 줄을 넘는 변호사를 힐끗 보았다. 변호사는 이런 일에 소질도 없고 흥미도 없어 보였다. 정말 책벌레였다.

각자 100개씩 채우고 난 다음 쉬라고 했는데 변호사는 절반도 안 하고 벌써 쉬려고 들었다.

"열심히 해야지, 열심히."

체육관을 뱅뱅 도는 개구리 선생님의 외침은 변호사에게 전혀 영향을 주지 않았다. 성희에게는 그 모습이 오히려 믿음직스러웠다. 이유는 제대로 설명하기 어려웠다. 변호사가 성희 쪽을 보는 바람에 성희는 얼른 고개를 돌렸다.

체육 시간이 끝나고 옷을 갈아입은 다음 성희가 교실 쪽으로 가는데 교실이 소란스러웠다. 평소에도 항상 소란스러웠지만 정도가 훨씬 심했다. 가장 심하게 떠드는 사람을 뽑는 대회를 연다고 해도 그렇게 시끄러울 수는 없을 것 같았다.

"뭐지?"

옆에서 여수가 걸음을 서두르자 성희도 덩달아 보조를 맞추었다. 교실 문은 열려 있었고 아이들이 둥글게 원을 만들어 서 있었다. 한가운데에 구경거리가 있다는 뜻이었다.

성희는 아이들 틈으로 그 광경을 보자마자 정신이 아찔해졌다. 같은 일이, 같은 일이 또 벌어졌다. 누가 한 사람의 책상을 넘어뜨리고 물건을 사방으로 집어 던지고 가방을 바닥에 내팽개친 다음 선명하게 발자국이 남을 정도로 마구 짓밟아 놓았다.

피해자는 변호사였다. 변호사는 바닥에 앉아 자기 물건을 주섬주섬 정리하고 있었다. 그러면서 주위 사람들을 살피는 일을 잊지 않았다. 그의 매서운 눈초리를 맞으면 구경꾼들은 시선을 돌렸다.

아이들은 갈 곳 없는 눈동자를 굴리다가 가장 먼저 성희를 발견했다. 그러나 성희의 놀란 표정과 변호사와의 관계를 생각하고 얼른 다른 표적을 찾았다. 어쩌다가 찾아낸 대상은 반장이었다.

"뭐야, 왜 날 봐?"

변화

성희와 여수는 변호사의 물건을 함께 정리해 주려고 구경꾼들이 만든 벽을 뚫고 나갔다. 변호사는 예상했다는 듯이 곧바로 손바닥을 보이며 막았다.

"안 돼! 들어오지 마!"

아이들의 반응을 보면 이미 다른 도움도 전부 거절했다는 것을 알 수 있었다.

"왜?"

"증거가 남았으니까."

그 말에 몇 명이 남몰래 몸을 떨었다.

"무슨 증거?"

"예를 들면……."

변호사는 자기의 검은 책가방을 가리켰다. 검은색 천은 먼지가 조금만 묻어도 티가 많이 났다. 그걸 작신작신 밟아 놓았으니 신발 자국이 뚜렷하게 남아 있었다. 성희가 범인으로 몰렸던 사건에서 밟힌 현진의 빨간 가방과 비교해 보면 이쪽이 더 끔찍해 보였다.

변호사는 일부러 아이들의 반응을 확인한 다음 말을 이었다. 아무리 생각해도 성희 혼자 들으라고 하는 말 같지는 않았다.

"여기 가방을 밟은 자국을 보면 한 사람이 한 짓이라는 걸 알 수 있어. 찍힌 발자국 모양이 모두 같으니까. 이걸 남겨 뒀다가 반 아이들의 신발과 비교해 보면 누가 그랬는지 알 수 있겠지."

변호사가 핸드폰을 꺼내 사진을 여러 장 찍는 동안 구경꾼들은 불안한 눈빛을 공유했다. 변호사는 사방을 돌아보며 물었다.

"혹시 지난번에 가방 사진 찍어 놓은 사람 있어? 거기에도 발자국이 남았을 텐데?"

여수는 이 순간 교실을 채웠던 분위기에 대해 나중에 성희에게 이렇게 설명했다.

"그때 그 아이가 꼭 진짜 변호사처럼 느껴졌어. 모두 다 그렇게 느꼈을 거야. 사실 엄청나게 멋있었어. 그때부터는 누구도 그 아이를 음침하다고 생각하지 않았지. 별명도 그때부터 바뀌었잖아."

변호사는 이제 모두에게 변호사로 불리게 되었다. 심지어 반장조차도 속으로는 여전히 음침한 아이라고 생각할지 몰라도 겉으로는 다른 아이들과 똑같이 불렀다.

"나한테 사진 있어."

첫 번째 피해자였던 현진은 마치 그가 자기 변호사도 된다는 듯 다가와서 사진을 보여 주었다. 변호사는 핸드폰 화면을 들여다보면서 말했다.

"이거, 나한테 보내 줘."

둘은 서로의 핸드폰 번호가 없었다. 번호를 교환하고 변호사가 사진을 받는 동안 아이들은 영화의 중요한 장면에 말문이 막힌 관객처럼 가만히 있었다.

이날 일어난 사건에서 변호사는 피해자였다. 처음에는 모두가 그 사실을 알았다. 그러나 어느 순간 그 사실은 중요하지 않게 되었다. 변호사는 모두에게 대단한 존재처럼 보이기 시작했다. 처음부터 의도한 일은 아니었지만 변호사는 속으로 기뻐했다.

재판의 판사는 담임 선생님이었지만 유죄인지 무죄인지 가리는 것은 배심원의 역할이었다. 담임 선생님은 1심에서 재판을 방청한 아이 중 다섯 명을 배심원으로 뽑은 다음 판결을 맡겼다.

선생님의 의도는 알기 쉬웠다. 누가 배심원이 될지 알 수 없어야 모두 집중해서 들을 것이다. 그리고 선생님이 직접 정하지 않고 추첨으로 뽑아야 모두 공평하다고 생각할 것이다.

변호사가 읽은 미국의 법정 스릴러에서는 배심원이 유죄인지 무죄인지를 정했다. 한국의 국민참여재판에서는 판사가 배심원의 의견을 받아들일지 말지 결정할 수 있었다.

하지만 변호사가 보기에 담임 선생님은 아이들이 내린 결론을 뒤집을 생각이 없어 보였다. 그렇게 한다면 모두가 어차피 선생님 마음대로 정하면서 왜 재판을 열었느냐고 항의할 수 있었다. 아이들은 재판에 큰 흥미를 느끼기보다는 선생님이 하자고 해서 억지로 참여하고 있으니 조금이라도 관심을 갖게 하려면 최소한 결정할 권리는 주어야 했다.

지금 교실에 있는 아이들은 모두 배심원 후보였고, 이 아이들에게 능력 있는 변호사로 여겨지는 것은 아주 좋은 징조였다.

그렇다면 이 모든 재판 과정을 통해 담임 선생님이 얻는 것은 무엇일까? 아이들이 재판 과정에 익숙해지게 되는 것? 그것 하나만 생각하고 진행하기에는 너무 번거로운 일이었다.

변호사는 담임 선생님이 그저 재미로 하는 일이 아닐까 의심했다. 어쩌면 교육적인 목적도 아주 약간은 있겠지만 재미가 최우선일 것이다. 사실 담임 선생님이라면 재미로 그러고도 남을 사람이었다. 변호사뿐 아니라 반 아이들 모두가 그렇게 생각했다.

사진을 핸드폰에 저장한 변호사는 일부러 화면과 구경꾼들의 신발을 번갈아 보며 비교하는 척했다. 어차피 신발 바닥의 무늬가 보이지 않으니 쓸모없는 짓이었다. 그러나 겁을 주는 효과는 확실히 있어서 몇 명이 발을 오므리며 뒤로 물러섰다. 변호사는 그렇게 한 사람이 누구인지 머릿속에 전부 기록해 놓았다. 몇 분 후에는 수첩에도 표시해 둘 생각이었다.

변호사는 벌써 증거를 모두 수집했다는 듯이 순식간에 정리를 끝마쳤다. 다음 수업 시간에 담임 선생님이 교실에 들어섰을 때 사건의 흔적은 거의 남아 있지 않았다.

아이들은 선생님에게 이 일을 말해야 하는지 확신할 수 없었다. 그래서 자꾸 교실 뒤쪽에 앉은 변호사를 쳐다보게 되었다. 변호사는 그러거나 말거나 한 손으로 턱을 괴고 태연하게 앉아 있었다. 말할 생각이 없는 것은 확실했다.

담임 선생님은 아이들이 변호사를 자꾸 쳐다보는 모습을 놓치기에는 너무 예리한 사람이었다. 그녀는 변호사가 드디어 활동하기 시작했고, 그 일이 아이들의 존경심 비슷한 것을 끌어내고 있다는 것을 알았다.

금요일에 벌어질 재판의 판사로서 당장은 끼어들 생각이 없었다. 꼬맹이가 혼자서 과연 어디까지 해낼 수 있는지 확인하는 것도 어른의 역할이 아니겠는가.

재판까지 사흘, 세 날이 남았다.

일상

 월요일과 화요일에 연달아 사건이 벌어졌기에 수요일도 조용히 넘어가지는 않을 거라고 기대하는 아이들이 생겼다. 변호사는 그들의 기대에 부응하고 싶었다. 하지만 소동은 소동일 뿐이었다.
 이제 이틀 남은 재판에서 정말 이기고 싶다면 시끄러운 일은 슬슬 정리하고 차분해질 필요가 있었다. 다시 말해서 지루한 일을 해야 했다. 모든 중요한 일은 그런 지루한 일을 바탕에 두고 있었다.
 야구 선수가 경기에서 환호성을 듣기 위해 남들이 보지 않는 동안 연습을 반복하고, 피아니스트가 수천 시간 관객 없이 연주해야 스포트라이트를 받는 것과 같은 원리였다. 변호사도 금요일에 배심원 후보들을 설득할 논리를 가다듬는 고독한 하루를 원했다.
 배심원이 될 아이들은 그에게 음침한 아이라는 별명을 붙이고 어제까지만 해도 깔보기 일쑤였다. 그러나 변호사는 반대로 그들을 높이 평가했다.

때로는 다른 아이에게 잔인한 모습을 보이고 바보처럼 속기도 하지만 이 아이들이 진짜 멍청하지는 않았다. 제대로 된 설득이 아니라면 주저하지 않고 성희의 유죄를 선언할 아이들이었다. 변호사는 아직 남은 학교 생활을 생각해서라도 그런 치욕적인 패배를 받아들일 수 없었다.

이날 변호사는 수업 시간을 제외하고 모든 시간을 복도에서 보냈다. 자기 반 복도뿐 아니라 다른 반 복도를 지나면서 여러 가지를 유심히 살폈다. 평소라면 절대 있을 수 없는 일이었지만 아는 사이가 아닌 다른 반 아이에게 말을 걸기도 했다. 그 아이는 변호사를 음침한 아이라고 여기지 않았다. 그래서 오히려 편견 없이 질문에 대답해 주었다.

변호사는 아예 모르는 남이 때로는 더 좋은 인간관계라는 사실을 깨달았다. 서로 예의를 지키기만 한다면 그랬다. 생각해 보면 그를 괴롭히는 사람들은 주로 그와 아는 사이였다. 그가 읽은 소설에서는 이런 통계도 나왔다. 범죄의 가해자와 피해자는 모르는 사이보다는 본래 알던 사이인 경우가 더 많다.

이번 사건도 분명히 그랬다. 피해자인 현진을 모르는 사람이 교실에 침입해서 아무 자리에나 화풀이를 하고 싶었다면, 가방을 한두 번 밟거나 창문 밖으로 던질 수는 있었겠지만 그렇게 집요하게 밟아 대지는 않았을 것이다. 그건 원한이 있는 사람이 하는 행동이었다. 사람은 가방을 그렇게까지 미워하지는 않으니까 가방 주인에 대한 원한이었다. 성희는 현진에 대한 원한이 없었다. 변호사가 알기로는 그랬다.

하지만 현진을 좋아하지 않는 아이가 반에 한두 명은 있을 것이다. 같은 반 아이 전체에게 사랑받는 것은 불가능했다. 심지어 인기를 등에 업고 반장이 된 아이도 몇몇 사람에게는 안 좋은 시선을 받았다. 당장 변호사만 해도 반장이 어떤 일로 수난을 겪는 모습을 본다면 흐뭇한 감정을 감추기 어려울 것이다.

금요일 재판에서 꼭 이기고 싶은 이유 중 하나는 반장이 패배했을 때 얼굴에 드러날 표정을 감상하려는 목적도 있었다. 아, 그걸 어떻게 잊을 수 있을까. 그날 밤 잠자리에 들 때는 물론이고 평생 몇십 번, 몇백 번이나 떠올리며 그때마다 즐거워할 것이다. 나중에 기억이 사라져 이메일 아이디와 비밀번호를 까먹는 날이 와도 그 표정 하나는 잊히지 않을 것이다. 그리고 입가에는 흐뭇한 미소가 초승달처럼 걸리겠지.

혼자 흐뭇하게 웃던 변호사는 정신을 차렸다. 지금까지 그는 성희를 구하는 일에만 너무 집중한 나머지 큰 그림을 잊고 있었다. 재판의 피해자는 성희였지만 재판이 열리게 된 사건의 피해자는 현진이었다. 성희는 우연히 말려든 사람에 불과했다.

그 일을 벌인 사람은 성희에게 원한이 있었던 것이 아니었다. 성희가 가장 먼저 교실에 들어가게 된 것은 체육 시간에 부상을 입은 탓이고 그건 누구도 예상할 수 없었던 일이었다. 성희에게 누명을 씌운 것은 진짜 그 일을 저지른 아이의 뜻이 아니었다. 어쩌면 기뻐했을지도 모르겠지만 아무튼 처음부터 그럴 생각은 없었다.

"나는 바보였어."

"알아, 그런데 왜?"

변호사는 등 뒤를 보고 화들짝 놀랐다. 여수가 바짝 다가와 있었다.

"왜?"

"응?"

"왜 여기 있어?"

"지나가는데 네가 갑자기 바보라고 해서 멈춘 거야. 일부러 네 뒤를 따라다닌다고 생각하는 거야?"

여수는 친구를 대하는 것처럼 침착했다. 그러나 사실 그전까지 변호사와 여수는 제대로 대화를 나누어 본 적이 없던 사이였다.

대신 두 사람 사이에는 성희가 있었다. 여수와 성희는 확실히 친구였지만 변호사는 자기와 성희가 친구인지는 확신하지 못했다. 성희는 일단 의뢰인이었다.

변호사는 음침한 아이에서 변호사로 변신한 다음부터는 웬만한 일로 당황하지 않으려고 했지만 여수의 친근한 태도는 당해 낼 수 없어서 얼굴이 빨개졌다. 그러나 여수는 재판에서 성희를 변호할 때 그 능력을 반의반도 쓰지 못했다. 누구나 자기 능력을 발휘할 수 있는 분야가 다른 법이다.

"뭐가 바보라는 거야?"

변호사는 여수의 얼굴을 보며 생각하다가 물었다.

"넌 친구가 많지?"

변호사의 말투에서 나와는 다르게, 하고 덧붙이는 느낌이 흘러나왔다.

"뭐, 그렇지."

"계속 이 동네에서 살았고."

"응."

"유치원부터 시작해서 아는 사람이 많지?"

"그런 편이지. 그게 왜?"

"그렇다면 알아봐 줘야 할 게 하나 있어. 내가 물어봐도 아이들이 잘 대답해 주지 않으니까."

"알았어. 성희를 위한 거니까. 근데 바보라는 말은 뭐야?"

여수는 집요했다. 변호사는 적당히 둘러댔다. 여수는 같은 편이었지만 성희에게도 말하지 않은 전략을 여수에게 말할 수는 없었다. 여수는 착한 아이였지만 입이 무거워 보이지는 않는다는 게 변호사의 솔직한 평가였다.

"세상 사람은 모두 바보라는 거야. 너랑 나도 포함해서."

"헉."

"시간이 없으니까 얼른 조사해 줘."

"성희를 위해서 하는 거야."

"알아, 알아."

변호사는 손을 휘휘 저어 여수를 보냈다. 여수는 마음이 급했는지 교실로 돌아가지 않고 옆 반 복도로 달려갔다.

여수는 저녁까지 그 일에 집중한 듯했다. 저녁 8시가 넘어서야 조사 결과가 성희에게 전달되었다. 여수라면 변호사에게 직접 연락하는 것을 꺼리지 않겠지만 전화번호가 없었다. 성희는 무슨 일인지 영문도 모르고 내용을 고스란히 전했다.

변호사는 일찌감치 침대에 누워 책을 읽고 있었다. 물론 법정 스릴러였다. 곧 재판이 있었다. 소설 속 주인공 변호사처럼 멋지게 해낼 자신은 없었지만 그래도 최소한 스스로 부끄럽지 않은 수준은 보여야 했다. 주인공의 활약을 읽는 것은 자신감을 모으는 데 아주 큰 도움이 되었다.

변호사는 여수가 보내 준 내용을 읽고서 약간 놀랐다. 오늘 오후 신발장 주변을 배회하다가 얻은 결론과 일치하는 부분이 있었다. 내일 교실에서 현진의 주변을 관찰하다 보면 미리 내린 결론을 확신할 수 있을 것 같았다. 그러면 모든 준비는 끝이었다. 방해만 받지 않는다면 순조롭게 승리할 예정이었다.

이날 저녁 반장이자 검사는 반 친구들을 잔뜩 모아서 분식집으로 데리고 갔다. 특별한 목적은 없었다. 같은 반이니까 밥을 먹을 수도 있고, 어쩌다가 용돈이 많으면 반장이 전부 계산할 수도 있었다.

하지만 검사는 알고 있었다. 아이들은 금요일 재판에서 이틀 전에 검사가 사 준 떡볶이와 튀김을 잊지 못할 것이다. 웬만하면 검사의 말을 믿어 주고 싶을 것이다.

재판까지 이틀, 두 날이 남았다.

방해

 월요일과 화요일과 수요일도 그랬지만 목요일 아침에 변호사는 더 침착한 모습으로 교실에 들어왔다. 그런 태도는 반 아이들의 마음을 뒤숭숭하게 만들었다. 지난주 금요일만 해도 성희가 재판에서 이기면 기적이라고 생각하는 아이들이 다수였던 것을 생각하면 큰 변화였다.
 저렇게 자신감이 넘치다니 뭔가 확실한 무기가 있는 거야.
 이렇게 생각하는 사람 중에는 초조함을 감추려고 유달리 활달하게 구는 반장도 있었다. 반장은 다들 아는 것처럼 성희를 싫어했다. 지난 금요일 재판장을 맡은 담임 선생님도 반장이 내뿜는 적대적인 기운을 단박에 알아차리고 놀랐을 정도였다.
 반장은 어려서부터 자기가 원하는 것을 거의 다 이루면서 자랐다. 그런 사람의 약점이라면 속마음을 숨기는 일에 능숙하지 않다는 것이다. 반장이 검사가 되어 성희를 공격할 때 사적인 감정을 감출 수 없었던 것도 당연했다.

하지만 변호사가 등장하면서 반장의 성희에 대한 미움은 작아졌다. 더 정확하게 말하면 그렇게 중요한 문제가 아니게 되었다. 변호사와 대결해서 진다면, 그래서 성희가 무죄가 된다면 반장의 영향력에 아주 큰 금이 가게 되어 있었다. 반장은 그것이 더 두려웠다.

그러니까 지금은 성희보다 변호사가 더 거슬리고 싫었다. 괜찮은 아이라면 져도 넘어갈 수 있지만, 그것도 아주 작은 확률이지만, 하필이면 음침한 아이에게 지다니 그런 일은 절대로 일어나서는 안 되었다.

반장이 생각하기에 지금 가장 큰 문제는 저 음침한 변호사가 속으로 무엇을 꾸미고 있는지 전혀 감을 잡을 수 없다는 점이었다. 정보를 얻어야 대응 방법을 생각할 수 있었다. 어쩌면 겉으로 폼만 잡고 있지 실제로 재판에서는 별 볼 일 없이 버벅대다가 물러날 수도 있었다.

음침한 아이에게는 그런 결말이 어울렸다. 일주일 동안 좋은 꿈을 꾸다가 현실에 부딪쳐서 절망하는 모습을 보게 되는 것이다. 그런 모습은 상상만 해도 통쾌하고 즐거웠다. 더운 여름날 차가운 콜라를 마실 때 목구멍과 위가 찌르르 울리는 것 같은 감각과 비슷했다. 성희와 변호사, 불쌍하고 구제할 수 없는 두 멍청이가 재판에 지고 나서 울며 서로를 위로하는 가련한 모습을 보면 속이 후련하게 뻥 뚫려서 앞으로 몇 년 동안은 뭘 먹어도 체하는 일이 없을 듯했다.

하지만 혹시 저 음침한 변호사가 뭔가 수상한 일을 꾸미고 있을 수도 있지. 음침함과 수상함은 한 세트잖아. 역시 그 수첩을 얻어야 해.

이것이 반장이 수요일 밤과 목요일 등교 시간을 부지런히 활용해서 찾은 결론이었다. 반장은 수첩을 얻을 방법을 고민했다. 훔치는 게 아니라 빼앗는 게 아니라 얻는다는 사실이 중요했다.

반장은 '우연히' 수첩을 얻게 될 것이다. 그 수첩을 반장이 얻을 수 있도록 도와줄 사람이 필요했지만 반장은 구체적으로 어떤 일이 일어났는지 끝내 모를 것이다. 우연히 발견한 수첩을 우연히 펴 보게 될 테고 그 안에서 상대인 변호사의 수법을 발견하는 것도 우연이 될 것이다. 실수로 봤지만 어쩔 수 없이 기억하게 될 것이다. 한번 본 걸 다시 무를 수는 없으니까.

이런 일이 일어나려면 누가 눈치 빠르게 수첩을 얻어서 반장 앞에 가져다 두어야 했다. 하지만 반장 주변에 그렇게 똑똑한 사람이 없다는 것이 문제였다. 넌지시 말하면 알아듣지 못할 것이다. 대놓고 부탁해야 했다.

"난 쟤가 가지고 다니는 수첩이 필요해."

반장이 가장 친한 친구 두 명을 모아 놓고 속마음을 털어놓았다.

"그게 없으면 질 수도 있어."

반장의 약한 모습을 보는 것은 처음이라 두 친구는 화들짝 놀랐다. 게다가 반장이 원하는 것은 범죄였다. 성희가 한 일이 재판을 받아야 하는 일이라면 반장이 원하는 것도 마찬가지로 재판의 피고인이 될 일이었다.

"하지만."

"하지만은 없어. 지금은 아니야."

반장은 손가락을 뻗어 친구의 입술을 막았다. 다른 친구는 반장의 속마음을 눈치챘다. 친구니까 알 수 있었다. 반장은 무슨 짓을 해서라도 수첩을 얻어야 할 만큼 다급했다. 그건 옳지 않은 일이야, 같은 말 따위는 시간 낭비였다.

"쟤는 수첩을 항상 가지고 다녀. 억지로 뺏는 게 아니라면 방법이 없어."

"소매치기는?"

입술이 막혔던 친구가 물었다.

"그건 우리가 할 수 있는 게 아니잖아?"

"기술이 필요한가?"

"엄청."

친구들이 헛소리하는 모습을 보니 반장은 기분이 상했다.

"뭐가 엄청이야? 내가 생각해 둔 게 있어."

반장은 우연히 수첩을 얻는 사람치고는 너무 자세하게 작전을 생각해 두었다. 그러면 더 이상 우연이 아니었다. 처음부터 우연이란 말을 들먹여서는 안 되었다.

  하지만 방법이 없는 것도 아니었으니 작전을 실행하는 아이들이 나중에 잡히더라도 우연히 입을 다물어 반장은 아무것도 모르는 상태가 되는 것이다. 그들도 재판받을 수 있다는 가능성은 우연히도 반장의 머릿속에 떠오르지 않았다.

  반장은, 검사는, 반에서 가장 인기가 많고 멋진 사람은 무슨 일이 있더라도 음침한 아이의 수상한 계획을 물리치고 이겨야 했다. 상황이 어려우면 우연의 도움을 받아야 했다. 그것이 반장이 생각하는 정의의 의미였다.

변호사의 제안

변호사는 반장에게 코딱지만큼도 관심을 주지 않았다. 왜냐하면 코딱지가 콧속에서 활동하면 사람의 신경이 굉장히 거슬리는 데 반해서 반장의 움직임은 그에게 전혀 불편하지 않기 때문이었다.

변호사는 목요일 수업이 시작하자마자 피해자였던 현진을 관찰했다. 너무 늦은 감이 있었지만 오전에 원하는 결과를 얻을 수 있었다. 무심히 보면 넘어갔을지도 모르는 작은 단서들은 답을 알고 보면 모두 처음부터 알 수 있었던 것처럼 분명하게 보였다. 물론 변호사는 자기가 결론을 정하고 보는 것의 위험성을 모르지는 않았다.

그러나 변호사의 목표는 진실을 찾는 게 아니라 성희의 무죄를 밝히는 것이었다. 거기에는 착각조차 도움이 되었다. 만약 변호사가 그 착각을 다른 아이들에게 전염시킬 수만 있다면 진실은 중요하지 않았다. 진실을 밝히는 것은 그의 몫이 아니었다. 거짓을 바로잡는 것으로도 충분했다.

　여수는 이날 종일 성희의 곁에 있었다. 사건 이후로 성희는 여수가 없다면 반에서 거의 혼자였다. 그러니까 여수가 친구로서 곁에 있어 주어야 했다.

"쟤, 오늘은 너무 조용한 거 아니야? 혹시 포기했나?"

"아니야, 여수야. 그런 것 같지는 않아."

"언제부터 그렇게 잘 알았어?"

"응?"

"네 변호사에 대해서."

여수가 턱짓으로 구석에 앉은 채 생각에 잠긴 변호사를 가리켰다.

"아니야, 그런 거."

"저렇게 멋있는 척만 하다가 지는 건 아니겠지?"

"넌 사람에 대해 너무 의심이 많아."

"넌 너무 의심이 없고."

"그런가?"

"응, 우리 할머니가 그랬어. 사람이 너무 착해 빠지면 못쓴다고."

"내가 그렇게 착해?"

여수는 성희의 장난기 어린 얼굴을 보고 홱 밀며 말했다.

"됐다."

"내가 그렇게 착하냐니까?"

둘이 실랑이하는 모습을 멀리서 지켜보는 사람이 있었다. 변호사였다. 그는 결심했다는 듯이 자리에서 일어났다. 목적지는 당연히 성희와 여수가 앉은 책상이었다.

변호사는 전혀 예상하지 못한 일이었지만 갑자기 교실이 조용해지며 모두의 시선이 그에게 집중되었다. 그 바람에 갑자기 책상과 의자가 일부러 설치한 장애물처럼 여겨져 지나가기가 버거워졌다. 그래도 변호사는 열심히 성희에게 다가갔다. 옛날이야기에 나오는 산과 물을 건너는 고생에 비할 바는 아니었지만 10초면 도착할 길을 몇 분은 걸은 느낌이었다. 걸어도 걸어도 쉽게 가까워지지 않았다.

아마 중간부터 교실 분위기의 변화를 눈치챈 성희와 여수가 고개를 돌려 그가 다가오는 모습을 빤히 지켜보았던 것이 길을 더 힘하게 만든 원인일 수도 있었다. 둘의 입술은 호호 웃는 사람처럼 동그랗게 말려 있었다. 설마 우리한테 오는 거야? 그런 의문이 담겨 있었다.

이 순간 변호사가 성희에게 무슨 말을 할지 예상하는 것 말고 다른 일을 머릿속에 떠올릴 수 있는 사람은 교실에서 반장 한 명밖에 없었다. 그녀는 변호사의 책상 위에 수첩이 덩그러니 놓인 것을 발견했다. 변호사가 그걸 자기 품에서 떨어뜨린 것은 변호사가 되고 처음이었다.

반장은 눈짓으로 가까이 있는 아이에게 지시했다. 저기 수첩이 있어. 저게 우연히 네 손에 들어가고 내가 우연히 줍는다면 목표 완료야.

나중에 이 일로 재판을 받게 되어도 반장은 핑계가 있었다.

"눈짓으로 사람에게 명령한다고요? 저런, 그런 게 가능할 리가 있나요. 저는 그냥 눈에 먼지가 들어가서 이리저리 굴려 본 건데……. 저는 친구에게 그런 나쁜 일을 시키지 않아요. 그 수첩은 땅에 떨어져 있길래 펴 본 거예요. 주인을 찾아 주려고 내용을 봤어요. 겉에는 이름이 없었거든요."

자기에게 명령을 내린 사람이 그렇게 생각하는 것까지는 모르면서도 친구는 반장의 욕망을 이해했다. 친구가 책상에 가까워지는 것을 보고 반장은 얼른 눈을 돌렸다. 수첩이 사라지는 순간을 목격한 사람이 되지 않기 위해서였다. 직접 눈으로 본 것이 아니면 양심에 거리낄 것도 없었다. 반장은 변호사에게 두 번 세 번 마음속으로 감사하다고 말하며 그를 지켜보았다.

변호사는 천신만고 끝에 성희에게 도달했다. 천신만고, 이 말은 책을 열심히 읽은 덕분에 알게 된 말이었다. 일상생활에서 쓸 일은 아직 없었다. 앞으로도 없을 것 같았다.

변호사는 내일 자기와 대결하게 될 반장이 이 말을 모를 거라고 생각했다. 그리고 천신만고라는 말을 직접 쓰지는 않겠지만, 그 말을 아는가와 모르는가가 어쩌면 승부를 가르는 요인이 될 수도 있다고 생각했다. 중요한 일은 언제나 그렇게 전혀 상관없어 보이는 사소한 것으로 결판이 나는 법이다.

"이따가 저녁에 상의할 게 있어."

변호사의 목소리가 떨렸다. 다른 사람들이 쳐다보고 있어서 그랬다.

"응, 알겠어."

성희의 대답도 떨렸다. 몇 명이 멀리서 오오오, 하고 괜한 소리를 냈다. 의식하지 않으려고 해도 신경이 쓰였다.

"나도 같이 가도 돼?"

여수가 이렇게 물어 준 덕분에 팽팽한 분위기가 조금 느슨해졌다. 둘은 속으로 여수에게 감사했다.

"당연하지."

변호사가 다시 자신감을 되찾은 목소리로 대답했다.

"아주 중요한 일이야."

그렇게 덧붙이지 않아도 알 수 있었다. 변호사가 괜히 멋쩍어서 한 말이었다.

"어디서 볼까?"

여기서부터는 변호사의 목소리가 속삭이듯 작아졌다. 주변 사람이 듣게 하고 싶지 않았다. 구경꾼이 거추장스럽기도 했거니와 반장이 장소를 안다면 와서 엿들으려고 할 수도 있었다.

"알았어."

아이들은 실망했다. 가장 중요한 것을 듣지 못하다니. 그러나 아무리 캐물어도 알려 줄 리가 없다는 사실을 알고서 지레 포기했.

돌아가는 길은 올 때보다 훨씬 수월했다. 험난한 절벽이 버티고 사방으로 뻗은 가지와 가시덤불로 뒤덮인 것처럼 느껴졌던 교실은 다시 책상과 의자가 가지런히 늘어선 일상의 공간으로 돌아와 있었다.

변호사는 자기 자리로 돌아오자마자 변화를 알아차렸다. 책상 위에 두었던 수첩이 없었다. 지난 일주일 동안 항상 품고 다니며 조사 결과를 적었던 물건이었다.

변호사는 마음의 흔들림을 보이지 않으려고 가볍게 주변을 돌아보았다. 그런 다음 가만히 의자에 앉았다. 입가에는 쓴웃음이 맴돌고 있었다.

반장의 노력

　반장은 그 수첩이 어디에 있는지 알지 못했다. 이것은 부정할 수 없는 진실이었다. 일부러 알려고 하지 않은 것도 모르는 것에 속하기는 했다.
　"저는 모릅니다."
　이 말이 사실이건 거짓말이건 그 속에는 여러 가지 의미가 담겨 있었다.
　― 저는 정말로 모릅니다.
　― 저는 알려고 들면 알 수 있지만 일부러 노력하지 않았습니다.
　― 저는 그걸 알고 있는 사람을 알지만 밝히고 싶지 않습니다.
　― 저는 그걸 당신에게 말해도 된다는 확신이 들지 않으니 모른다고 하겠습니다.
　― 저는 알고 있지만 제가 안다는 것을 아는 사람이 없으니 모른

다고 해도 괜찮습니다.

— 저는 다른 사람에게 시켰으니 모른다고 대답해도 거짓말은 아닙니다. 그 사람이 제게 묻지 않고 알아서 처리할 겁니다.

이 밖에도 많은 의미가 있었다. 그러니까 텔레비전에서 누가 저는 모릅니다, 하고 말하면 그 말을 그대로 믿어서는 안 되었다.

반장은 이런 이치를 어린 시절부터 저절로 깨달았다. 어쩌면 이런 말에 아주 능숙한 부모님이 알게 모르게 조금 도움을 주었을 수도 있었다. 그래서 혹시라도 수첩을 훔친, 이건 너무 거친 말이니 빼돌린 것을 들켰을 경우를 대비했다.

수첩은 반장의 친구가 숨겨 놓았다. 반장은 자기 입으로 그렇게 명령한 적도 없고 그 장소가 어디인지도 몰랐다. 수업이 끝나고 자유로운 시간이 되면 자연스럽게 손에 들어올 테니 걱정할 필요도 없었다.

한 가지 마음에 걸리는 것은 변호사의 태도였다. 그는 호들갑을 떨지 않고 가만히 있었다. 자기 수첩이 없어진 것을 모를 리는 없었다. 매일 품고 다니던 물건이니까. 게다가 처음 자기 자리로 돌아갔을 때 책상 앞에 우뚝 선 다음 주위를 경계하며 돌아보던 것을 생각하면 분명히 눈치채고 있었다. 반장은 그때 변호사와 눈을 마주치지 않으려고 곁눈질로 상황을 확인했었다.

반장의 추측으로는 수첩을 잃어버렸다고 울상을 짓거나 소란을 피우면 내일 재판에 악영향을 끼칠 테니까 꾹 참는 것이 아닐까 싶었다. 그리고 어차피 수첩 안에 있는 내용은 머릿속에 다 들어 있으니 없어도 괜찮다고 생각할지도 몰랐다.

그렇다면 바보였다. 반장은 변호사가 내일 어떤 방법으로 성희를 변호할지 그 방법에 관심이 있었다. 아무리 내용을 다 기억하고 있어도 수첩의 정보가 유출되면 엄청나게 불리해졌다. 상대의 전략을 미리 알면 어렵지 않게 그에 대응할 전략을 세울 수 있었다.

"이따가 끝나고 집에 같이 갈래?"

친구가 와서 은근슬쩍 물었다. 둘은 집이 반대 방향이라 같이 가는 법이 없었다.

"그래."

반장은 활짝 웃으며 대답했다.

몇 시간 후 학교에서 충분히 거리가 멀어지고 아이들이 눈에 띄지 않게 된 다음 친구는 반장에게 그 물건을 전해 주었다. 수첩이 가방에서 쑥 나오는 모습을 보고 반장은 눈을 동그랗게 떴다.

"너, 그거 어디에 숨겼어?"

"응? 여기 가방 밑에."

한숨이 절로 나왔다.

"야, 만약 들켰으면 어떡하려고 그랬어? 걔가 선생님한테 일러서 가방 검사라도 했으면?"

"아, 근데 숨길 곳이 없었어. 나도 급했단 말이야."

"알았어. 아무튼 고마워."

반장은 건성으로 말하고 **빼앗다시피** 수첩을 낚아챘다. 대충 훑어보는데 안에 있는 내용은 전부 암호 같았다. 도형과 이상한 기호들이 옹기종기 모여 있었다. 옆에서 들여다보던 친구가 소리쳤다.

"아, 이거, 그거다. 전에 네가 말했던…… 교실 지도."

"지도는 아니고, 우리 반 책상 배치잖아."

반장은 자기도 모르게 가장 먼저 창가 옆 책상 하나로 눈이 갔다. 반장 본인 자리였다. 다른 책상에는 기호가 두세 개 정도라면 여기는 여섯 개가 있었다. 별, 세모, 네모, 물결, 거꾸로 뒤집힌 A, 그리고 태어나서 처음 보는 이상하게 생긴 수학 기호도 있었다.

"이게 무슨 뜻이야?"

"나는 모르지."

반장은 친구를 째려보았다.

"나도 그건 알아."

친구는 반장의 반응에 둔감해서 눈치 없는 말을 이어서 날렸다.

"너 오늘 밤새도록 암호 해독해야겠다."

"그것도 알아. 잠 못 자면 피부에 안 좋은데……. 내일 푸석푸석한 얼굴로 재판에 나가면 아이들이 이상하게 생각할 거야."

"애들은 아무도 모를걸."

반장은 참다못해 친구의 어깨를 툭 쳤다.

"야."

"응?"

"이거 핸드폰으로 찍어서 줄 테니까 너도 같이 해독해. 공동 연구야. 다 같이 밤새우는 거야."

"거부할 권리 있어?"

"아니."

"그럼 할게."

반장은 대답을 듣기도 전에 신경질적으로 버튼을 누르며 수첩을 넘겼다.

사진은 반장과 가까운 한두 사람에게 더 전달되었다. 반장은 새벽 두 시까지 수첩에 적힌 암호를 해독하려고 노력했지만 그중 하나가 책상 배치도라는 사실을 **빼면** 중요한 사실은 아무것도 알 수 없었다. 단어들은 연결될 듯하다가 사방으로 흩어졌다.

금요일 아침이 되자 반장은 퀭한 얼굴로 학교에 나타났다. 친구들도 눈 밑이 검어 보이기는 마찬가지였다.

계획

 변호사는 성희와 여수와 함께 있었다. 성희와 처음 상담했던 바로 그 장소였다. 노란색과 흰색이 가득 찬 공간에는 전자레인지 하나가 주인처럼 자리 잡고 있었다. 그날 이후로 시간이 하나도 흐르지 않은 것 같았다. 이 공간에서라면 영원히 살 수도 있을 것 같았다.
 "아, 여기 이런 곳이 있었지."
 여수의 반응은 성희가 처음 이곳에 왔을 때와 좀 달랐다.
 "너, 와 본 적 있어?"
 성희가 놀랐다는 듯이 물었다.
 "도서관? 그럼. 나도 어렸을 때는 책 좀 읽었지. 여기 재밌는 그림책 많아."
 "지금은?"
 변호사가 서둘러 물었다.

"지금은 바쁘잖아. 학원도 가야 하고. 책 읽을 시간이 없지."

"그건 맞아."

성희가 동의하고 나서 얼른 변호사를 보았다. 책 읽을 시기가 지났는데도 여전히 책을 읽는 사람은 아무래도 좋다는 듯이 무덤덤한 표정이었다.

"내일 이길 자신은 있어?"

여수가 그 바위 같은 표정을 부수고 싶다는 듯이 물었다. 변호사는 대답 대신 품에서 수첩을 꺼내는 것으로 받아쳤다. 지난 일주일 동안 변호사의 곁을 지켰던 바로 그 수첩이었다.

성희와 여수는 그 수첩을 보고도 놀라지 않았다. 이 자리에 반장이 있었다면 비명을 질렀을지도 모르겠지만 두 사람은 교실에서 일어난 비밀스러운 작전에 대해서 아무것도 몰랐다.

변호사는 화요일이나 수요일쯤부터 반장이 자신을 경계하기 시작했다는 걸 느꼈다. 반장은 그를 똑바로 보는 일 없이 언제나 곁눈질로 감시했지만, 그래서 오히려 티가 났다. 사람을 제대로 보지 못하면 의식하고 있다는 뜻이었다.

일단 한 가지 사실을 알게 되니 다른 사실도 뿌리에 달린 고구마처럼 연달아 나왔다. 반장은 변호사가 수첩을 꺼내거나 거기에 뭔가를 적을 때마다 움찔거리며 반응했다. 아주 미세한 기운이었지만 같은 일이 반복되니 모르고 싶어도 모를 수가 없었다. 어떤 때는 장난삼아 아무 이유 없이 수첩을 꺼내서 보거나 적는 척했는데, 그때마다 반장의 목과 어깨가 단단하게 긴장하는 것을 느낄 수 있었다.

변호사는 그 모습을 보고 기발한 속임수를 생각해 냈다. 만약 반장이 이 수첩을 손에 넣는다면 어떻게 될까? 그렇다면 수첩의 내용을 분석하는 일에 남은 시간을 모두 쏟을 것이다. 특히 수첩이 암호로 되어 있다면 풀지 않고는 못 배길 것이다.

변호사에게는 마침 똑같은 수첩이 하나 더 있었다. 틈틈이 그럴듯해 보이는 가짜 수첩을 만드는 것은 전혀 어렵지 않았다. 진짜

수첩을 베끼면서 내용만 적당히 이상한 암호로 채워 넣으면 그만이었다. 아예 알아보지 못하면 포기할 수도 있으니 중간중간 의미심장해 보이는 문구도 적어 두었다. '재판에 제시할 세 가지 증거', '핵심 증인' 같은 제목을 보면 반장도 쉽게 포기할 수 없을 거라고 생각했다.

가장 어려운 부분은 반장이 미끼를 물게 하는 방법이었다. 반장은 똑똑했고 쉽게 속지 않았다. 변호사는 기회가 단 한 번뿐이라고 생각했다. 소중한 수첩을 계속 책상에 두고 다니면 반장도 의심할 것이다. 그러니까 단 한 번만 방심해야 했다. 반장의 눈에 그렇게 보여야 했다.

변호사는 그 순간을 성희에게 가서 약속을 정하는 때로 잡았다. 물론 그 순간 진짜 수첩은 그의 외투 안쪽 주머니에 잘 들어 있었다. 변호사가 떨었던 것은 두 가지 일을 동시에 해치우느라 두 배로 긴장한 탓이었다.

그리고 자리로 돌아왔을 때 수첩은 없었다. 물고기는 미끼를 물었다. 정말 이런 짓까지 저지르다니! 변호사는 당황했지만 침착을 유지하는 척 세심하게 연기해야 했다. 멀리서 반장이 곁눈질로 자기 반응을 살피고 있을 것을 알았기 때문이다.

"무슨 생각을 그렇게 하는 거야?"

변호사는 여수의 질문에 대답할 틈을 놓쳤다. 대신 작전이 먹힌 것에 대한 흐뭇한 만족감이 얼굴에 그대로 드러나 버렸다.

"앗, 혹시 이상한 개그 같은 거 혼자서 생각하고 웃는 타입이야? 그건 최악인데?"

"아니야, 아니야."

변호사는 여수를 향해 손을 내저으며 강하게 부정했다.

"난 그런 거 별로 안 좋아해."

"그러면 왜 웃었어?"

변호사의 눈에는 궁금증으로 가득한 성희의 얼굴이 왠지 아기처럼 순수해 보였다. 이 사람에게는, 이 사람들에게는 자랑하고 싶었다.

"사실은……"

이런 말과 함께 변호사는 자기가 벌인 일을 털어놓았다. 듣고 나서 여수는 손뼉을 치며 웃었지만 성희는 기뻐하기보다는 이해할 수 없다는 태도가 더 강하게 드러났다.

"그럼 어떻게 되는 거야?"

성희의 질문에는 우려가 담겨 있었다. 일이 실패하는 것이 아니라 가짜 수첩을 받은 반장을 걱정하는 듯했다. 변호사로서는 평생 살아도 이해할 수 없는 사고방식이었다. 사람은 정말 제각각이라 한 사람이 다른 사람의 마음을 알기란 거의 불가능했다.

"밤새 수첩을 해석하려고 애쓰느라 너를 공격할 논리를 만들 시간이 부족하겠지."

"아, 그래. 우리한테 좋은 거구나."

성희는 그리 기뻐 보이지 않았다. 변호사는 여수가 같이 와서 다행이라고 생각했다. 여수는 변호사처럼 반장을 골탕 먹였다는 사실만으로 만족했다.

"내일 아침에 학교에 일찍 와야겠다. 반장이 교실에 들어오는 모습을 실시간으로 봐야겠어."

여수는 그렇게 외치고 나서 곧바로 변호사를 추궁했다. 마치 성희의 보호자라도 되는 것처럼 굴었다.

"그게 전부는 아니겠지? 반장의 힘을 약해지게 할 수는 있겠지만 그것만으로는 반장을 이길 수 없어. 걘 똑똑하고 인기도 많단 말이야."

"알아."

변호사는 무뚝뚝하게 말한 다음 수첩을 펼쳐 두 사람에게 보여 주었다.

"이게 뭐야?"

"내일 만들어질 재판장이야."

자세히 보니 정말 그랬다. 앞에는 판사석이 있고 검사석과 피고인석이 있었다. 뒤에는 방청객이자 나중에 배심원이 될 수도 있는 사람들이 앉는 자리가 있었다.

"우리 반 아이들은 전부 스물네 명이야."

판사석 가운데에는 담임 선생님이자 재판장의 자리가 있었다. 좌우에는 판사 역할을 맡은 아이들이 앉게 되어 있었다. 원래는 반장의 역할이었지만 반장은 검사가 되어 성희의 죄를 증명하는 일을 선택했다.

"판사 두 명을 **빼면** 스물두 명이지."

변호사는 이어서 반장인 검사와 변호사 자신을 나타내는 도형을 가리켰다.

"이 둘을 **빼면** 스무 명이야. 그리고 이게 너야."

성희는 자신을 대신한 작은 원을 보고 마음이 초라해졌다. 다른 도형들에 비해 더 작고 힘이 없어 보였다.

"그러면 열아홉 명. 그리고 재판 내용을 기록하는 서기가 있지. 그래서 열여덟 명이 남아. 이 열여덟 명이 나중에 배심원 다섯 명이 될 수 있는 후보야."

"그래서?"

여수가 성희를 대신해서 물었다.

"배심원은 모양이 여러 가지네?"

성희의 말을 들은 여수는 얼른 수첩을 보았다. 정말이었다. 배심원 무리는 세모와 네모와 동그라미로 이루어져 있었다. 같은 모양끼리 옹기종기 모여 있었다. 성희 쪽 끝에는 동그라미들, 반장 쪽 끝에는 네모들, 그 가운데에 세모들이 끼여 있었다.

"이게 작전의 핵심이야."

"무슨 작전?"

성희가 다시 물었다. 지난번 질문에 대한 대답도 아직 듣지 못한 상태였다.

"이 도형들은 상징하는 게 있어. 동그라미는 우리 편이야. 네모는 반장 편이고. 세모는 어느 쪽 편도 아닌 아이들이야."

"아."

"아."

성희와 여수의 입에서 이해와 감탄이 동시에 나왔다. 변호사는 기분이 좋아졌다.

"일주일 전에 변호사 역할을 맡고 나서 월요일과 화요일에 아이들이 어느 쪽에 속하는지 조사했어. 중간에 생각이 바뀐 애들도 표시했지. 완전히 정확하지는 않겠지만."

성희와 여수는 설명이 더 필요하다는 표정을 지었다.

"배심원 다섯 명이 모두 우리 편으로 뽑히기를 기대할 수는 없어. 하지만 배심원 중에서 우리 편이 더 많다면 높은 확률로 승리할 수 있어. 다섯 명의 의견이 일치할 때까지 토론하는 거니까."

"예를 들어 우리 편이 세 명, 반장 편이 두 명, 이렇게 뽑힌다면 우리가 이길 확률이 높다는 거지?"

여수가 손가락을 꼽아 가며 물었다.

"응, 그게 최선이야."

"무조건 이기는 방법이 아니잖아?"

"그런 건 없어. 불리한 상황을 여기까지 끌고 온 것만 해도 기적이야."

무심코 이 말을 내뱉은 다음 변호사는 성희의 마음이 상했을까 안색을 살폈다. 다행히 성희는 별 반응이 없었다. 변호사는 설명을 계속했다.

"여기, 원 안에 원이 하나 더 그려진 사람은 아주 확실히 우리 편인 사람이야. 전부 세 명 있어."

"고작 세 명?"

"그래. 그리고 그중 하나는 너야."

여수는 당연하다는 듯 고개를 끄덕였다.

"그리고 원, 우리 편에 가까운 사람이 네 명이야. 세모, 누구 편도 아닌 중립은 세 명. 네모, 저쪽 편에 가까운 사람은 두 명, 마지막으로 네모 안에 네모가 또 있는 사람은 완전히 저쪽 편이야. 여섯 명이지. 이렇게 열여덟 명이야."

변호사의 설명은 그림을 보면서 들으면 아주 쉽게 이해가 갔다.

"우리 편인 사람이 일곱 명, 저쪽 편인 사람이 여덟 명이야. 지금은 우리가 약간 불리해. 물론 일주일 전에 비하면 상황이 많이 좋아졌지만."

변호사는 수첩을 넘겨 다른 그림을 보여 주었다.

"이때는 우리 편이 네 명, 저쪽 편이 열두 명이었어. 지는 게 당연했지."

"많이 좋아졌네. 전부 네 덕분이야."

변호사는 성희의 칭찬을 듣고 갑자기 할 말을 잊은 사람처럼 우물쭈물했다.

"어쨌든 아직도 우리가 불리한데 어쩌겠다는 거야?"

여수가 둘 사이의 분위기가 못마땅하다는 듯 변호사를 닦달했다.

"나에게 한 가지 생각이 있어."

변호사는 회심의 미소를 지었다.

"뭔데 그래?"

"증인으로 나온 사람은 배심원이 될 수 없어. 그렇게 되어서는 안 돼. 사건과 관련이 있는 사람이니까 공정한 배심원이 될 수 없을 거야. 나는 담임 선생님, 판사에게 그 사실을 주장할 생각이야. 아마 인정해 주겠지."

결정적인 말은 그다음에 나왔다.

"그리고 당연히 내가 부를 증인들은 모두 검사 편인 아이들이야. 그 아이들이 다 빠지고 나면 우리를 지지하는 쪽이 더 많아져."

"그러면?"

"우리가 이길 확률이 더 높아지지."

여수도 이 생각에는 동의할 수밖에 없었다. 성희의 표정도 눈에 띄게 밝아졌다.

"우린 이길 거야."

변호사는 확신에 차서 말했다. 성희는 그 말을 듣고 자기도 모르게 이렇게 말해 버렸다.

"만약 우리가 이긴다면, 내가 무죄가 된다면, 너한테 보답으로 빙수 사 줄게."

"빙수?"

여수가 되물었다. 변호사는 여수가 딴지를 걸기 전에 얼른 대답했다.

"좋아."

재판까지 하루, 한 날이 남았다.

오전의 나른함

여수는 평소보다 일찍 학교에 갔다. 반장과 친구들이 피곤한 모습으로 교실에 들어오는 장면을 머릿속에 담기 위해서였다. 그렇게 저장한 기억은 나중에 소화가 잘 안 되거나, 기분이 울적하거나, 반장이 꼴사나운 행동을 할 때마다 꺼내서 즐길 예정이었다. 이런 기회는 날마다 오는 것도 아니고 언제 다시 온다는 예정도 없었다. 여수가 호들갑을 떤 덕분인지 변호사와 성희도 평소보다 일찍 와서 반장의 등교를 기다렸다.

반장은 평소보다 조금 늦게 왔다. 잠이 부족해서 알람을 듣고도 바로 일어나지 못한 탓이었다. 눈은 퀭하고 그 아래는 거뭇거뭇하고 피부에도 생기가 없었다. 머리카락도 부스스했다.

성희에게는 즐거운 광경이면서 희망의 조짐이기도 했다. 아무도 무너뜨리지 못할 것 같은 저 반장이 드디어 틈을 보였다. 일주일 전에는 꿈에서도 기대하지 못했던 일을 변호사가 현실이 되게 했다. 성희는 어제까지 계속 억제하고 있던 마음이 점점 부푸는 것을 이제 더 이상 막을 수가 없었다.

희망은 공기처럼 쉽게 부풀어 올랐다가 금방 꺼진다. 한번 자라나기 시작하면 아무리 눌러도 가라앉지 않는다. 한쪽을 세게 눌러도 옆으로 슬쩍 비집고 나온다.

반장의 친구 중에는 반장보다 먼저 온 아이도 있고 나중에 온 아이도 있었는데 상태가 별로 좋지 않기는 마찬가지였다. 굳이 비유하자면 여름날 시장에서 얼음 위에 하루 종일 올라가 있다가 저녁이 되어 눈 색깔이 탁하게 변한 생선 같은 몰골이었다. 다행히 비린내는 나지 않았다.

여수와 성희는 미소를 감추지 못하고 눈을 마주쳤다. 둘은 변호사와도 기쁨을 나누고 싶었지만 변호사는 책상에서 고개를 들지 않았다. 그는 혼자서 냉정하게 오후에 있을 재판을 준비하고 있었다. 그 모습이 더 믿음직스럽게 보였다. 적어도 성희의 눈에는 그랬다.

이날 오전 수업은 아무도 의욕이 없었다. 변호사는 재판을 준비해야 했다. 반장도 피곤하지만 재판을 준비해야 했다. 여수와 성희는 재판을 기대했다. 나머지 사람들도 재판을 기대했다. 그들의 관심사는 성희가 유죄인지 무죄인지 결정되는 것이 전부가 아니었다. 변호사, 일주일 전까지도 음침하다고 불리던 아이가 최근에 멋있는 척을 잔뜩 했는데 과연 거기에 걸맞은 실력을 갖추고 있는지 확인하고 싶었다.

실력을 증명한다면 이제 음침한 아이가 아니라 변호사로 신분을 확실하게 바꿀 수 있었다. 실망스러운 모습을 보인다면 더 노골적으로 놀리고 무시할 생각이었다. 그렇게 하자고 누구도 적극적으로 나서서 이야기하지는 않았지만 그렇게 될 예정이었다. 아이들은 별로 노력하지 않고도 그렇게 할 준비가 되어 있었다.

이 교실의 아이들이 남들보다 특별히 더 악해서는 아니었다. 그렇게 되지 않으려고 적극적으로 노력하지 않으면 누구나 저절로 그렇게 되었다. 어른도 아이도 마찬가지였다.

수업을 진행하는 담임 선생님은 아이들의 마음이 엉뚱한 곳에 가 있음을 알아차렸다. 모두가 재판이라고 외치는 듯해서 귀가 따가울 지경이었다. 이날 오전에 서너 번은 수업을 중단해야 했다. 한두 번은 아이들의 외침을 듣고 얼굴을 찡그렸다가 사실 아이들이 아무 소리도 내지 않고 가만히 있었다는 사실을 깨달아서였고, 나머지 한두 번은 선생님도 재판에 대해 생각하느라 수업의 흐름을 놓친 탓이었다. 어차피 같은 이야기를 다시 해도 아이들은 몰랐다.

담임 선생님은, 오후에 재판장이 될 사람은 거의 모든 것을 알았다. 변호사의 표정에서는 자신감을 읽었다. 그는 그래도 수업을 제대로 들으려고 하는 몇 안 되는 학생 중 하나였다. 그리고 반장에게서는 초조함과 작은 절망을 확인할 수 있었다. 뭔가 반장이 원하는 대로 일이 풀리지 않고 있었다.

꼬맹이가 제법이네.

선생님이 변호사에게 기대한 것은 상전벽해가 아니었다. 뽕나무 밭이 바다가 된다는 이 말처럼 교실의 풍경이 완전히 바뀔 것을 기대하지는 않았다. 그저 작은 균열만 있으면 된다고 생각했다. 지금까지 반 아이 중 누구도 부수지 못한 반장의 세계에 작은 틈 정도는 만들고 싶었다.

그래서 변호사를 골랐다. 어쩌면 이 아이가 변화를 만들어 낼지도 모른다고 생각했지만 확률은 반반이었다. 그런데 재판이 시작되기도 전에 이미 틈은 만들어져 버렸다. 문제는 그 틈이 얼마나 커질 수 있을까 하는 점이었다.

"점심 맛있게 먹고, 오후에 재판에서 보자."

와아아아아, 아이들이 환호성을 질렀다. 오늘따라 왠지 얄밉게 들렸다.

재판 시작

 사람은 낯선 일에 적응하는 능력이 매우 뛰어나다. 물론 동물도 그런 종이 있겠지만 사람이 이 부분에 있어서는 최고라고 말할 수 있다.
 처음 재판을 열었을 때는 모두 아빠나 엄마의 옷을 처음 입어 본 사람처럼 어색하게 굴었다. 이제 두 번째 재판이 열리게 되자 누구도 눈빛이 흔들리거나 우물쭈물하는 일이 없었다. 담임 선생님은 재판장이 되어 아이들을 내려다보았다. 좌우의 어린 재판관들은 그 정도 기세까지는 아니었지만 누구에게도 의심받지 않을 정도의 위엄은 갖추고 있었다.
 슬픈 일이지만 성희조차 피고인의 역할에 다시 충실해졌다. 오전에는 불안감을 떨치지 못해도 여수에게 농담을 던질 정도로 밝은 얼굴이었지만 재판이 시작되자 지난주와 같이 표정이 어두워졌다.

몇몇은 성희가 죄수복을 입고 그 자리에 서 있는 것 같은 상상에 시달렸다.

변호사는 성희 옆에 서 있었다. 그는 머리와 심장이 없는 사람처럼 침착했다. 성희는 그 덕분에 마음이 조금 진정되었다. 변호사가 떨지 않는다면 괜찮았다. 그에게는 계획이 있었다. 성희 본인에게 말해 준 계획 말고도 분명히 계획이 더 있을 것이다. 성희는 그를 믿었다. 그리고 그것이 유일한 해결책임을 알았다.

반대편의 반장이자 검사는 여전히 피곤한 얼굴이었지만 그래도 날카로운 모습이 제법 돌아와 있었다. 오히려 일주일 전보다 더 냉정하게 보이기도 했다. 전에는 반쯤 재미에 가까운 일이었다면 이제는 자존심을 건 문제가 되어 있었다. 어쩌면 변호사가 건드리지 말아야 할 벌집을 건드려 놓았는지도 몰랐다.

서기는 재판장 맞은편 책상에 앉아 준비를 마친 상태였다. 재판 기록을 남길 생각에 손가락이 근질거리는지 잠시도 가만히 두지 못했다.

그리고 뒤편에는 방청객이자 배심원 후보들이 앉아 있었다. 소란스러운 분위기는 아니었다. 담임 선생님의 표정이 매서웠기에 누구도 먼저 선뜻 입을 벌릴 상황이 아니었다. 그 정도 눈치도 없다면 배심원이 될 자격이 없었다.

재판장은 눈으로 재빨리 아이들의 수를 세고 나서 차가운 미소를 지었다.

"빠진 사람 없이 모두 다 있네요."

교실의 모든 사람이 담임 선생님, 재판장의 입술에서 눈을 뗄 수 없었다.

"그러면 지금부터 재판을 시작하겠습니다."

실패

재판장이 물었다.

"피고인은 6학년 3반 송성희가 맞습니까?"

"네."

아이들은 이 질문의 의미를 이해할 수 없었다. 피고인이 누구인지는 모두가 알고 있었다. 아이들은 이것이 재판에서 꼭 필요한 과정일 거라고 어렴풋이 짐작했다.

"알겠어요. 피고인은 자기한테 불리한 사실은 말하지 않아도 괜찮아요. 진술을 거부할 권리가 있어요. 알고 있지요?"

"네, 하지만 전 다 말할 거예요. 숨길 게 아무것도 없으니까요."

방청석에서 지켜보던 여수가 응원한다는 듯이 주먹을 불끈 쥐었다. 성희가 등을 돌리고 있어서 그 모습을 보지 못하는 것이 안타까웠다. 이왕이면 자기가 변호사였던 지난주에 성희의 무죄를 증명했으면 좋았을 것이다.

하지만 여수가 못 한 일을 대신하려고 변호사가 성희 옆에 있었다. 이제 할 수 있는 일은 마음속으로 응원하는 것 정도였다. 변호사가 여수의 마음을 읽은 사람처럼 손을 들었다.

"뭐죠?"

"재판장님, 제안할 일이 하나 있습니다."

재판장은 팔짱을 꼈다. 양쪽의 어린 판사들도 덩달아 팔짱을 꼈다. 그 모습이 꽤 우스웠지만 아무도 웃지 않았다. 아직은 모두 긴장한 상태였다.

"말해 봐요."

변호사는 방청석 쪽을 한번 살피고 나서 입을 열었다.

"이 재판은 보통 재판과 다릅니다. 모두 서로 아는 사이이고 사건과 무관하지 않습니다."

"그렇죠."

"그래도 배심원은 공정하게 뽑혀야 합니다. 사건과 되도록 관계가 없는 사람으로요. 그래서 제가 제안하고 싶은 것은 오늘 증인으로 재판에 참여한 사람은 배심원 후보에서 제외하는 겁니다. 공정한 재판을 위해서요."

재판장이 좌우의 판사들과 귓속말을 나누었다. 그동안 방청석에서는 작은 탄성이 터져 나왔다. 저 아이는 진짜 변호사야. 우리가 지금까지 잘못 알고 있었어.

변호사의 짧은 발언은 사람들의 마음을 사로잡았다. 좋은 징조였다. 변호사는 희미하게 떠오르는 미소를 굳이 숨기지도 않았다.

"반장, 아니, 검사."

"네."

"어떻게 생각해요?"

"그게, 저……."

검사는 어떻게 해야 자기에게 유리한 것인지 생각하느라 시간을 끌었다. 그러나 재판장의 단호한 표정에 자신감이 금방 바닥났다. 더는 버틸 수가 없었다.

"괜찮, 괜찮을 것 같은데요?"

"그래요?"

"네."

변호사는 속으로 만세를 불렀다. 이대로라면 승리 확률을 50퍼센트 이상으로 높일 수 있었다.

"변호인."

변호사는 새로운 확률을 계산하느라 부름을 듣지 못했다.

"변호인?"

"네?"

"준비한 증인 목록이 있나요?"

"네."

"가져와서 나한테 보여 주세요."

재판장이 손짓했다. 변호사는 머뭇거리며 다가가서 수첩을 넘겼다.

수첩을 확인하는 재판장의 입가에 희미한 미소가 묻었다. 변호사에게는 왠지 기분 나쁘게 느껴졌다.

"이 사람들을 증인으로 부르겠다고요?"

"네."

"안 돼요."

"네?"

"이 사람들을 전부 배심원에서 빼 버리면 공정한 심사가 되지 않아요."

재판장은 검사를 불러 변호사의 수첩을 보여 주었다. 변호사는 반대하려다가 그만두었다. 이것이 만약 어른들의 재판이었다면 변호사가 누구를 증인으로 부를지 검사도 미리 알고 있어야 마땅했다. 방어를 위해 당연한 권리였다.

목록을 본 검사의 눈이 휘둥그레졌다. 대체 무슨 짓을 벌이려는 것인지 알 수 없었다.

"아직도 괜찮다고 생각해요?"

"아니요."

검사는 단호하게 고개를 저었다. 수첩을 돌려받은 변호사가 항의하려는 것을 재판장이 손을 들어 막았다.

"이 문제로 이의 제기는 받아들이지 않겠어요. 그것 말고 더 할 말이 있나요?"

"있습니다."

"말해 봐요."

"그러면 최소한 지난주 재판에서 배심원이었던 사람들은 이번 재판에서 배심원이 되지 않게 해 주세요."

재판장은 고개를 저었다.

"그것도 안 돼요. 무슨 생각인지는 알겠는데 배심원 후보가 너무 적어지니까요."

재판장은 장난기 어린 표정을 굳이 감추지 않았다. 변호사의 얄팍한 술수쯤은 이미 모두 파악하고 있다고 말하려는 것 같았다. 만약 지금이 재판 중이 아니라면 분명 직접 말했을 것이다.

애야, 너한테 숫자 놀이를 하라고 기회를 준 게 아니야. 그렇게 간단한 방법으로 이길 수 있을 줄 알았어? 그건 겨우 반을 넘는 확률이잖아. 그런 술수를 쓰지 말고 사람들의 마음을 바꿔. 여기 있는 사람들을 설득하란 말이야. 승리할 방법은 그것뿐이야. 설마 준비가 안 된 거야?

변호사는 재판장이 더 말하지도 않았는데 혼자 고개를 저으며 대답했다.

"그렇게 할게요."

사람들은 모두 변호사의 행동과 대답이 엉뚱하다고 생각했다. 재판장만 예외였다.

자세의 문제

　검사는 피고인 송성희가 무슨 죄를 저질러서 재판에 서게 되었는지 처음부터 꼼꼼하게 설명했다. 다들 아는 이야기여서 열심히 듣는 사람이 없었다. 성희조차 이제는 그 이야기가 지겨웠다. 지난주 재판에서 피고인으로 설 때는 검사의 말을 들으며 자기가 정말 그런 일을 저질렀는지 머릿속을 훑었다. 결론은 놀랍게도 잘 모르겠다는 것으로 나왔다.

　성희는 자기가 보건실에 가서 치료받고 다시 탈의실에서 체육복을 갈아입은 다음 교실로 온 것을 기억했다. 교실이 엉망이 된 것을 보고 땅에 떨어진 물건을 주우려다가 다른 아이들에게 목격되었다.

　차분히 따져 보면 분명히 그런 짓을 저지를 시간이 없었다. 그렇게 할 이유도 없었다. 그러나 검사의 말을 들으면서 정말 내가 하지 않은 것이 맞는지, 혹시 저질러 놓고 편리하게 기억을 잊은 것은 아닌지 혼란스러워졌다.

어쩌면 내가 갑자기 화가 나서 가까이 있는 물건에 화풀이한 게 아닐까? 현진이에게 아무 원한이 없다지만 마음속 깊은 곳에서는 사실 증오하고 있었던 게 아닐까?

그런 의심은 성희를 자신감 없는 모습으로 바꾸어 놓았다. 기세 좋게 변호사가 되었던 여수를 더 겁먹게 했다. 방청객이자 배심원 후보들에게 확신을 심어 주었다. 저 아이가 한 게 틀림없어.

아이들은 몰랐다. 사람의 기억이란 원래부터 불확실하고 주변 사람들이 하나같이 네 기억이 잘못되었다고 압력을 넣으면 없던 기억도 만들어 낸다는 것을 몰랐다. 사람은 자기가 하지 않은 행동도 했다고 믿을 수 있을 만큼 불완전하고 어리석었다. 어른이나 아이나 마찬가지였다. 누구나 성희의 처지가 되면 자기의 기억을 믿을 수 없었다.

"피고인."

성희는 재판장이 부르는 것을 듣지 못했다.

"피고인?"

"아, 네."

"검사가 말한 내용을 인정하나요?"

성희는 검사가 무엇을 말하는지 전혀 듣고 있지 않았기 때문에 조금 당황했다. 그러나 금방 평정을 되찾았다. 검사는 어차피 뻔한 말을 했을 것이다. 성희가 현진에게 원한을 가지고 그 일을 저질렀다고. 성희는 기억을 되살리고 옆에 있는 변호사를 보며 용기를 얻은 끝에 단호하게 대답했다.

"저는 그 일을 하지 않았습니다."

검사는 예상했다는 듯이 이어서 자기의 주장을 증명하기 위해 목격자를 증인으로 불렀다. 지난주에도 나왔던 아이였다.

"증인, 그날 체육 시간이 끝나고 가장 먼저 교실에 들어온 게 증인 맞죠?"

"아니요."

검사는 당황했다.

"아니라고요?"

"아닌데요."

"그러면요?"

"쟤가 제일 먼저 왔잖아요."

증인은 성희를 손가락으로 가리켰다. 따지고 보면 맞는 말이었다.

"아, 그래요. 피고인을 제외하고는 가장 먼저 왔죠?"

"네."

"그때 본 걸 다시 한번 말씀해 주세요."

변호사에게도 성희에게도 따분한 이야기였다. 증인은 교실에 도착하자마자 성희의 등을 보았다. 그녀는 피해자인 현진의 물건을 손에 들고 바닥에 쭈그리고 앉아 있다가 인기척을 느끼고서는 크게 당황했다. 그리고 이어서 몰려든 아이들이 소리쳤다.

"송성희다!"

이 말은 이렇게 번역할 수 있었다.

"송성희가 범인이다!"

검사의 얼굴도 지금 같은 말을 하고 있었다. 현장에서 잡혔는데 더 무엇이 필요합니까? 제가 꼭 입을 열어 그걸 말해야 할까요?

재판장은 알았다는 듯이 고개를 끄덕이고 변호사 쪽을 보았다. 변호사는 준비가 되어 있었다.

"증인."

그 기세가 제법 매서워서 증인은 자기도 모르게 움찔했다.

"네."

"교실에 들어갔을 때 풍경이 어땠나요?"

"엉망진창이었어요."

"폭풍이 휩쓸고 지나간 자리, 그런 느낌이요?"

"맞아요, 딱 그거예요."

"피해자의 물건이 사방에 흩어져 있어서 그런 거겠죠?"

"맞아요."

"그런 장면을 일부러 만들려면 물건을 어떻게 해야 할까요?"

"네?"

"가만히 바닥에 두어야 할까요?"

증인이 비웃듯 피식 웃었다.

"아니요."

"그러면요?"

"막 집어 던져야죠. 가방을 들고 휘둘러야지 그렇게 엉망진창이 될 거예요."

증인의 허리가 자기 말에 응답하듯 흔들렸다. 남몰래 춤을 추는 사람 같았다.

"증인은 피고인이 그렇게 가방을 휘두르고 물건을 던지는 모습을 봤겠죠?"

"아, 그건 아니에요."

"어떤 모습을 봤죠?"

"아까 말했잖아. 아니, 말했잖아요."

재판장이자 담임 선생님은 재판 과정 동안 모두가 정중한 존댓말을 쓰는 것을 규칙으로 정해 두었다. 재판은 장난이 아니라 진지한 활동이었다.

"쭈그리고 앉아서 볼펜 같은 걸 들고 있었어요."

변호사는 고개를 끄덕였다.

"맞아요. 피고인은 그런 자세였죠. 아마 둘 중 하나였을 겁니다. 물건을 하나씩 집어서 바닥에 놓고 있었거나 아니면 바닥에 떨어진 물건을 보고 놀라서 주울 생각을 했겠죠. 그런 자세로는 물건을 마구 던지기는 어려울 테니까요."

변호사는 약간 뜸을 들여 모두가 생각할 시간을 주었다.

"증인 생각에는 둘 중 어느 쪽일까요?"

"그건……."

검사가 번쩍 손을 들었다.

"선생님, 저건……."

"그래요, 변호인. 증인에게 대답을 유도하고 있어요. 그리고 재판 중에 선생님이라고 부르지 마세요."

"죄송합니다."

"죄송합니다."

둘이 동시에 대답했지만 변호사의 표정은 정말 조금도 죄송해 보이지 않았다. 검사는 이 순간 변호사가 얼마나 무서운 적인지 드디어 마침내 결국 확실하게 깨달았다. 자기가 겨우 검사 흉내를 내고 있다면 이 아이는 나이만 어린 변호사에 가까웠다. 이대로는 승산이 전혀 없었다.

절망 어린 시선으로 본 방청석에서 아이들의 마음은 이미 바람 앞의 어린 가지처럼 마구 흔들리고 있었다.

마음의 씨앗

 그러나 검사는 또래 중에서는 몸과 마음이 유난히 강한 사람이었다. 쉽게 패배를 인정할 생각이 없었다. 특히 변호사와 성희 같은 사람, 자기보다 못하다고 여기는 사람에게 질 수는 없었다. 그래서 준비했던 대로 피해자인 현진을 증인으로 불렀다.
 증인으로 나온 현진의 표정에는 짜증이 담겨 있었다. 피고인인 성희를 향한 것도 검사를 향한 것도 아니었다. 현진은 이 재판 자체에 대한 불만을 드러내는 중이었다. 굳이 말하면 재판장인 선생님에 대한 불만이었다.
 처음 갑작스럽게 그런 일을 당했을 때 충격을 받은 것은 당연했다. 그날 밤에는 심장이 떨리고 화가 나서 잠도 제대로 잘 수 없었다. 그래도 사람은 시간이 지나면 감정과 기억이 희미해져 다시 마음의 평안을 되찾을 수 있었다. 현진은 얼른 그렇게 되기를 바랐다. 자기도 그 일을 잊고 주변 사람들도 잊어 주기를 바랐다.

하지만 선생님은 현진에게 묻지도 않고 대뜸 재판을 열어 버렸다. 그 바람에 모두가 현진을 피해자로 기억했다. 잊을 만하면 재판이 열려 그때의 기억을 되살렸다.

현진은 그것이 싫었다. 그리고 그 사실을 숨기고 싶어 하지도 않았다. 재판이란 정의를 찾는 과정이었지만 모두가 꼭 그것으로 평화롭게 되는 것은 아니었다.

"혹시 옛날에 피고인과 싸운 일이 있나요?"

검사의 질문은 지난번 재판에 나오지 않은 것이었다. 변호사의 눈썹이 꿈틀했다.

"있어요."

"무슨 일이었죠?"

"기억이 나지 않아요. 진짜 사소한 일이었거든요."

"하지만 싸운 건 맞죠?"

검사는 마음이 급해져서 추궁하듯 물었다.

"맞아요, 확실히 싸웠어요."

재판장이 성희에게 물었다.

"싸웠던 일이 기억나나요?"

"네."

"이유도요?"

"아마 현진이가 실수로 제 물건을 망가뜨렸을 거예요. 그래서 제가 화를 냈었던 것 같아요."

"검사, 계속하세요."

재판장은 검사의 얼굴이 아까보다 밝아진 것을 확인했다.

"그 이후로 피고인과 사이가 나빠졌나요?"

성희가 보다못해 끼어들었다.

"아니에요, 우리는 계속 사이좋게 지냈어요."

"조용히 하세요! 피고인에게 물은 게 아니에요."

검사가 호통을 치자 성희는 놀라서 입을 다물었다. 변호사에게 도움을 구하는 눈빛을 보냈으나 변호사는 잠잠히 있으라는 표정을 지었다. 서운한 반응이었다.

"어땠어요?"

"처음에는 조금 불편했지만 다시 꽤 친하게 지냈어요."

"그건 혼자 그렇게 생각하는 거죠?"

"네?"

"어쩌면 피고인은 그 일 이후로 원한을 품었을 수도 있잖아요. 내 물건을 망가뜨렸으니까 나도 네 물건을 망가뜨려서 복수하겠다. 그래서 이 일을 벌였을 수도 있지 않나요?"

변호사가 황급히 손을 드는 것을 재판장이 막고 나서 검사에게 말했다.

"검사, 대답을 유도하면 안 돼요."

"죄송합니다."

검사는 대충 사과하고 나서 방청석 쪽으로 돌아섰다.

"아무튼 두 사람은 전에 싸운 적이 있어요. 피고인이 말하는 것처럼 사이가 좋았기 때문에 자기가 한 일이 아니라는 변명은 완전히 틀렸습니다. 저 마음 깊숙이 복수하고 싶다는 생각이 가득 차 있었을 수도 있잖아요. 사람의 마음을 누가 읽을 수 있나요?"

마치 연극 같은 마지막 대사는 효과가 있었다. 방청석에 앉은 아이들 모두 비슷한 경험을 떠올린 덕분이었다. 겉으로는 용서하고 화해한 척했지만, 마음속에 앙금이 남아서 분노와 미움이 사라지지 않아 고생한 적이 다들 있었다.

성희는 물론 착한 아이였다. 그러나 성희도 사람이니까 그런 화를 견디지 못하고 복수하고 싶었을 수도 있다. 성희가 천사처럼 착하다고 해서 태어나서 단 한 번도 그런 나쁜 마음을 먹지 않고 나쁜 짓을 단 한 번도 하지 않고 거짓말을 단 한 번도 입에 담은 적이 없다고 말할 수 있을까? 만약 그럴 수 있다면 사람이 아니었다.

사람은 누구나 잘못을 저지르고 성희도 마찬가지였다. 아이들은 그 사실을 다시금 마음에 새겼다. 성희는 유죄일 수도 있었다.

"그런 방식으로 나오겠다는 거지?"

변호사의 속삭임은 곁에 있는 성희의 귀에만 들렸다.

"변호인, 반대 신문을 할 건가요?"

교실 안에 있는 모두가 당연히 한 가지 대답을 기대했다. 예전에도 그랬지만 변호사는 사람의 기대를 배신하는 일에 재주가 있었다.

"아니요."

"안 한다고요?"

"네, 안 하겠습니다."

저 멀리 방청석에서 여수가 불신의 눈길을 보냈다. 변호사가 애써 확인하지는 않았지만 성희도 그랬을 것이다. 그냥 넘어간다고? 왜? 설마 자신감이 떨어진 건가?

변호사는 성희에게 변명할 틈이 없었고 그럴 생각도 없었다. 그의 생각에 따르면 현진을 앞에 오래 두는 것이 오히려 나쁜 선택이었다. 검사의 말을 무슨 수로 반박하겠는가? 차라리 새로운 주제로 사람들의 시선을 돌리는 것이 더 좋은 작전이었다.

이번에는 점수를 조금 잃었어. 하지만 처음부터 불리한 싸움이었는데 상대의 주먹에 한 대도 맞지 않고 이긴다는 것은 불가능하지. 괜찮아, 더 강한 공격이 준비되어 있으니까.

변호사는 이 말을 어제 성희와 여수에게 미리 해 주었으면 좋았을걸, 하고 후회했다. 둘에게 의심받는 것은 전혀 즐겁지 않았다. 두 사람은 변호사가 어제 설명한 작전, 증인을 배심원 후보에서 제외하는 것에 실패하고 지금 반격당하는 것까지 보면서 패배를 떠올렸을 것이다. 어제까지 변호사를 믿었다고 해도, 그 믿음이 커다란 나무처럼 굳건했다고 해도 지금은 뿌리째 뽑힐 판이었다.

"괜찮아."

변호사가 겨우 속삭인 말은 이 한마디였다. 더는 설명할 시간이 없었다. 지금은 재판을 진행시키는 것이 급했다. 역전의 기회는 아직 얼마든지 있었다.

"응."

성희의 망설이는 듯한 대답을 듣고 변호사는 잠깐 어지러워졌다.

이 아이, 지금은 날 믿지 않는구나.

새 증인

 어째서 피고인이 그런 일을 저질렀을까?
 검사가 내놓은 대답은 방청석에 앉은 배심원 후보들을 만족시켰다. 예전에 싸운 적이 있대. 원한이란 겉보기와 달라. 화해한 것 같아도 마음에는 가시가 남았을 수 있지. 웃는 얼굴 속에도 사람은 여러 가지 감정을 담을 수 있잖아?
 변호사는 여기에 맞서기를 포기했다. 어차피 사람들의 마음에 생겨난 의심은 변명해서 곧바로 없앨 수 있는 물건 같은 것이 아니었다. 끈적하기가 풀이나 본드보다 더해서 아무리 싹싹 긁어내도 찌꺼기가 남았다. 변호사는 그런 것을 굳이 건드리고 싶지 않았다.
 검사는 이어서 자기가 가장 강력하게 사용할 수 있는 무기를 꺼냈다. 체육 선생님, 개구리 선생님으로부터 받은 확인서였다. 이것 역시 변호사는 예상하지 못했던 공격이었다.

"개구리, 아니 체육 선생님은 피고인을 뺀 모두가 수업이 끝날 때까지 체육 수업에 잘 참여했다고 하셨어요. 여기에 직접 사인한 종이도 있어요."

방청석에서 가벼운 웃음이 번졌다. 용납하면 더 크게 번지려는 것을 알고 재판장이 냉정한 태도로 끊었다.

"여기로 가지고 오세요."

검사는 의기양양하게 걸어가서 종이를 건넸다. 생각해 보니 변호사는 별거 아니었다. 조금 잘난 척을 해 보아야 거기서 끝이었다. 그깟 암호 따위로 뭘 하겠어? 어젯밤에 고민하느라 잠을 못 잔 것이 어리석게 느껴졌다.

"그래요. 체육 선생님의 확인서가 맞네요. 변호인도 확인해 보겠어요?"

"네."

변호사는 불필요하다고 생각했지만 성희의 신임을 더 잃고 싶지 않아서 굳이 앞으로 나갔다. 내용은 뻔해서 대충 훑어도 충분했다. 지난주에는 이런 것이 없었던 것을 보면 검사도 나름대로 준비를 많이 했다는 사실을 알 수 있었다. 분명히 변호사에 대한 경계 때문이었다.

이럴 줄 알았으면 일주일 동안 바보처럼 굴 걸 그랬나? 하지만 크게 달라질 것은 없었다.

어른들의 재판에서라면 상대의 증인과 증거 목록을 미리 알 수 있어서 깜짝쇼를 벌이기 어려웠다. 변호사가 읽은 법정 스릴러라고 불리는 책들 속에서도 마찬가지였다. 주인공은 뻔해 보이는 것들 속에 비장의 무기를 숨기기 위해 안간힘을 썼다.

하지만 이 재판은 달랐다. 재판장은 미리 증인과 증거 목록을 제출하라고 하지 않았다. 아마 그런 것까지 필요하다고는 생각하지 않았거나 그 사실을 모르는 것 같았다.

덕분에 상대가 무슨 무기를 준비했는지 서로 알지 못하는 채로 탐색전이 벌어졌다. 변호사는 그 기회를 이용해 가짜 수첩을 만들어 검사의 컨디션을 바닥으로 끌어 내릴 수 있었다.

"검사의 증거를 보자면 피고인을 뺀 나머지의 알리바이가 증명되는군요. 체육 수업을 들었다는 사실이 확인되니까요."

재판장의 말은 변호사를 향하고 있었다. 변호사는 고개를 들어 재판장을 보고 또 양옆의 판사들을 보았다. 이 어린 판사들은 사실 없어도 그만이었다. 재판장 옆에 앉아서 재판장을 빛나게 해 주는 장식 같은 존재였다. 아직 불을 붙이지 않은 양초랄까?

"변호인."

변호사는 재판장의 말을 더 듣지 않고 다른 것을 생각했다.

"변호인?"

"네?"

"내 말을 제대로 듣는 건가요? 피고인을 뺀 나머지 학생들의 알리바이는 전부 증명되었어요. 다른 반 아이가 교실에 몰래 들어와서 한 일이라고 주장할 생각인가요?"

"아, 그건 아닙니다. 그것도 생각해 봤지만 어려워요."

변호사의 조사에 따르면 그때 옆 반인 2반 교실도 비어 있었다. 문을 잠그지 않은 것도 마찬가지였다. 만약 1반 학생 중 하나가 화가 나서 다른 반에 침입해 난동을 부리기로 결심했다면 가까운 2반에 들어가는 것이 더 나은 선택이었다.

설령 의심을 피하려고 가까운 교실을 놓아두고 멀리 3반 교실, 여기까지 들어왔다고 쳐도 의문은 남았다. 현진의 책상은 교실 안쪽 창가 옆에 있었다. 얼른 해치우고 돌아가려면 다른 대상이 얼마든지 있었다.

처음부터 현진을 노렸다면? 그럴 수도 있었지만 문제는 시간이었다. 성희가 보건실에서 일찍 나와 옷을 갈아입고 교실로 들어왔을 때는 아직 수업 종이 치기 몇 분 전이었다. 1반 학생들은 교실을 떠날 수가 없었다.

"선생님, 저, 지금 3반에 가서 난리를 쳐야 하니까 잠깐 다녀오겠습니다."

이런 바보 같은 행동을 할 사람은 없었다. 변호사는 아마 검사도 이미 알고 있을 거라고 생각했다.

"판사님, 변호사도 인정했지만 이 일을 저지를 수 있는 사람은 단 한 명뿐입니다."

검사는 굳이 그 이름을 말하지 않았다. 누구나 다 알았다. 체육 수업이 끝나고 교실에 들어온 3반 아이들이 소리쳐서 온 세상에 알려 주었다.

"송성희다."

송성희를 빼고는 누구도 그렇게 할 수 없었다.

성희의 얼굴은 창백하게 변했다. 변호사를 잠깐 믿었건만 역시 노력해도 애초에 할 수 없는 일이 있었다. 망했다. 패배했다.

지난 일주일 동안 희망이 가슴 가득 부풀 때조차 불안이 한쪽 구석에 바늘처럼 도사리고 있었다. 이 바늘은 언제든지 풍선을 터뜨릴 준비가 되어 있었다. 억지로 부풀린 가짜 희망은 당연히 공기 중으로 산산이 흩어져야 했다. 쪼그라든 마음은 불안감과 두려움으로 가득 찼다. 다른 감정은 들어올 수도 없고 그럴 필요도 없었다.

성희는 지금까지 곁눈질로 보던 변호사의 얼굴을 제대로 볼 기회를 얻었다. 턱을 조금만 옆으로 돌리면 되는 일이었다. 지금까지는 보이지 않는 존재가 턱을 꽉 잡은 것처럼 그럴 수 없었지만 이제 다 포기한 마당에는 기름칠해 둔 것처럼 어렵지 않게 쓱 돌아갔다.

변호사는 전혀 떨고 있지 않았다. 패배를 직감한 얼굴과는 더더욱 거리가 멀었다. 어째서일까? 남의 일이니까. 사실 성희가 재판에서 지더라도 변호사에게는 큰 타격이 없었다. 다시 말없이 혼자 책 읽는 아이로 돌아가면 그만이었다. 어째서 몰랐을까? 이 아이에게는 이기는 일도 지는 일도 그저 재미일 뿐이야. 잘 싸웠는데 졌다고 하면 그만이야.

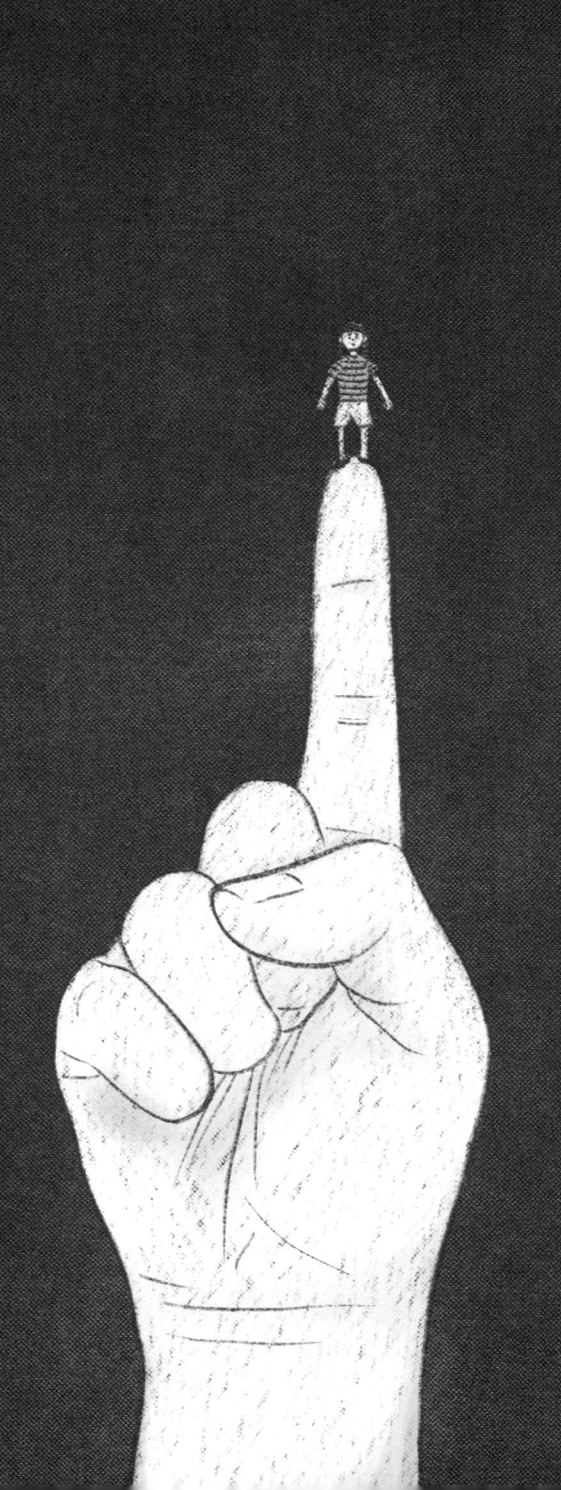

변호사의 얼굴이 성희 쪽으로 움직였다. 변호사는 성희를 보면서 눈을 찡긋했다. 너무 갑작스러워서 제대로 볼 수 없었다. 어쩌면 절망에서 나온 찡그림이었고, 아니면 윙크일 수도 있었다. 어느 쪽일까, 어느 쪽이지?

변호사는 의자에서 일어났다.

"존경하는 재판장님."

재판장은 기쁜 기색을 숨기며 턱을 끄덕였다. 어른에게는 손쉬운 기술이었다.

"저는 저를 증인으로 신청합니다. 아직 아주 중요한 증언이 하나 남았습니다."

충격적인 고백

아직도 포기하지 않았다는 말인가? 검사는 그 노력을 비웃고 싶어졌다. 승부는 이미 끝났다. 모두가 예측했던 대로, 당연히 그래야 했던 대로. 기적이란 것은 이야기 속에만 존재한다. 이길 사람이 이기고 질 사람은 지는 것이다. 검사는 아직 어렸지만 꿈보다는 냉혹한 현실을 믿었다.

재판장은 변호사의 마지막 무기를 확인하고 싶어서 안달이 났지만 태연하게 물었다.

"정말 중요한 일인가요? 만약 장난이거나 말도 안 되는 소리를 하면 벌을 받을 거예요."

"중요합니다. 이걸 들으면 모두의 생각이 바뀔 거예요."

방청석에서 다시 웅성거림이 있었다. 재판장은 검사를 쳐다보았다. 처음부터 그녀의 허락을 구할 생각은 없었다. 그저 쳐다본 것이었다. 하지만 검사가 마치 어른이 아이에게 하듯이 단호하게 고개를 젓는 바람에 기분이 나빠졌다. 가끔 너무 잘해 주면 그렇게 자기 주제를 모르는 일이 있었다.

"좋아요. 말해 봐요."

변호사는 서두르지 않고 증인석으로 걸어갔다. 이번에는 성희를 보지 않았다.

어차피 성희는 바닥을 보고 있었다. 혼란스러웠다. 희망의 징조일까, 아니면 또 속지 말아야 하는 걸까?

"여러분도 모두 기억하시겠지만."

변호사의 이야기는 이렇게 시작되었다. 그는 사실 반대로 말하고 있었다. 모두가 잊은 사실 하나를 끄집어내려고 했다.

"화요일에 이번 사건과 비슷한 사건이 일어났습니다. 체육 시간이 끝나고 교실로 돌아왔을 때 제 가방과 물건이 사방에 내팽개쳐져 있었습니다."

아, 그런 일이 있었지. 모두가 감탄했다. 한 사람만 빼고.

"그게 무슨 말이에요, 변호인? 당장 이쪽으로 오세요. 검사도 같이요."

재판장은 검사를 책망했다.

"반장, 왜 나한테 말하지 않았지?"

"아, 저, 별일 아니라고 생각했어요."

"어떻게 그게 별일이 아니야?"

변호사가 끼어들었다.

"계속 증언하게 해 주시면 안 될까요? 그러면 모두 잘 해결될 거예요."

재판장은 조금 전에 자기가 두 아이를 부른 것을 잊은 사람처럼 손을 휘휘 저어, 마치 파리를 쫓듯이 둘을 돌려보냈다. 변호사는 자기 자리로 돌아와 태연하게 이야기를 계속했다.

"그때 그 일이, 그 일이 아주 중요합니다. 둘 다 화요일 체육 시간이 끝나고 발견되었으니까요. 같은 시간에 같은 방식으로 벌어진 일이었습니다. 제가 피고인 송성희를 돕고 있었기 때문에 피고인이 그 일을 저질렀다고 생각하는 사람은 없었습니다. 이번에는 누구도 범인으로 몰리는 일이 없었어요. 그리고 그 일은 그냥 조용히 잊혔습니다."

변호사의 말을 듣느라 교실의 모든 사람은 사물처럼 조용해졌다. 재판장은 아이들이 자기의 수업에 이토록 집중한 일이 있었나 생각해 보고 조금은 분한 마음을 품었다.

"제가 방금 두 사건이 체육 시간이 끝나고 일어났다고 말하지 않고 발견되었다고 한 걸 기억하시나요? 그게 중요합니다. 두 일은 체육 시간이 끝나고 발견되었어요. 그러니까 일어난 시간은 그때가 아닙니다."

재판장은 모두를 대신해서 어떻게 그렇게 확신할 수 있는지 물어보았다.

"처음부터 말이 되지 않았습니다. 피고인 송성희가 피해자에게 악감정을 품고 있다고 합시다. 이미 다들 그렇게 믿는 것 같지만요. 그렇다고 해도 피고인은 바보가 아닙니다. 자기가 혼자 빠진 시간에 그 일이 일어나면 당연히 범인으로 몰리게 됩니다. 게다가 그 자리에서 피해자의 물건을 만지작거리다가 잡히면 절대로 빠져나갈 수 없죠."

"그래서요?"

"재판장님, 첫 번째 사건이 있던 날 학생들은 체육 시간이라 교실 밖으로 나갔습니다. 만약 피고인이 범인이 아니라면 그날 보건실에서 치료받은 것은 완전히 우연입니다. 처음부터 범인이 그 일을 예상하고 덮어씌울 생각은 아니었을 겁니다. 범인은 그저 편한 시간을 골라 피해자의 가방을 밟고 물건들을 던졌을 뿐입니다."

"시간 끌지 말고 말해요. 그때가 언제라는 거죠?"

"당연히 아이들이 옷을 갈아입기 위해 탈의실로 이동한 다음이었습니다. 그때도 교실은 비어 있었습니다. 시간이 충분하지는 않았겠지만 어차피 이 일을 저지르는 데는 1분도 걸리지 않습니다."

변호사는 봄부터 지금까지 교실에서 했던 말을 전부 합친 것보다 이 순간 더 많이 말했다. 모두가 변호사의 말을 집중해서 들어 주었다. 그리고 이제 쾅 터뜨릴 시간이었다.

"저는 실험으로 그걸 확인했습니다. 제 물건을 던지고 제 가방을 밟은 사람은 사실 저였으니까요."

다시 소란의 파도가 교실을 덮쳤다. 이번에는 파도보다 해일이라고 불러야 옳았다.

실험한 이유

 재판장은 불같이 얼음같이 화를 냈다. 검사도 덩달아 한마디 내뱉고 싶었지만 어른이 화를 내는 상황에 끼어들기가 어려워 가만히 있었다. 변호사는 예상했다는 듯 묵묵히 질책을 감당했다. 화상과 동상 따위는 이 중요한 임무에 비하면 별것 아니라고 생각하는 것 같았다.
 재판장은 여기서 재판을 끝낼 수도 있었다. 그러나 끝내 그렇게 하지는 못했다. 본인의 호기심도 있었고 아이들의 여론도 변호사를 책망하려고 하지 않았다. 무엇보다 자기가 연 재판을 자기 손으로 끝내 버리면 무너질 권위를 생각했다. 충분히 혼을 내서 체면을 다 채운 다음 재판장은 변호사를 제자리로 돌려보냈다.
 "왜 그런 짓을 했죠?"
 재판장의 질문으로 다시 재판이 재개되었다. 변호사는 기다렸다는 듯이 입을 열었다. 전혀 반성하고 있지 않은 눈치였다.

"그 실험의 목적은 두 가지였습니다. 첫 번째는 모두가 아는 것처럼 체육 시간이 시작하기 전에도 기회가 있었다는 사실을 증명하기 위해서였어요. 하지만 다른 사람의 물건을 망칠 수는 없으니까 제가 가해자와 피해자 역할을 모두 하기로 한 거죠."

옆에서 변호사의 설명을 듣는 성희는 입이 반쯤 벌어져 있었다. 이 신기한 생물체는 대체 어디서 등장했냐고 말하고 싶은 것 같았다. 정작 신기한 생물체는 자기 말에 취해서 다른 사람의 반응을 살필 생각을 하지 못했다.

"시간은 겨우 27초 걸렸어요. 모든 과정을 핸드폰 동영상으로 기록해 두었습니다."

재판장이 굳이 그걸 보려고 들지 않아서 변호사는 이야기를 이어 갈 수 있었다.

"그리고 한 가지 목적이 더 있었습니다. 모두에게 전하고 싶은 말이 있었죠."

검사가 자기도 모르게 "그게 뭐야?" 하고 물었다가 얼른 입을 다물었다.

"그날 일을 다시 떠올려 보세요."

변호사의 말을 듣는 아이들 머릿속에 두 번째 사건, 변호사가 꾸며 낸 사건 현장이 어렴풋이 펼쳐졌다.

"그날 제가 한 일을 떠올려 보세요. 밟혀서 먼지가 묻은 가방을 털지 않고 그대로 놓아둔 다음 사진을 찍으면서 말했어요. 여기에 남은 신발 자국이 결정적인 증거가 될 수 있어. 사실이 아니었어요. 제가 범인이고 제 발자국이었으니까요. 아무도 그걸 확인하려고 하지 않았죠. 그다음에 저는 진짜 피해자였던 현진이에게 혹시 그때 가방을 찍은 사진이 있는지 물었습니다. 다행히 있었어요. 그래서 저는 그 사진을 현진이에게서 받았습니다. 범인의 신발 자국이 남은 가방 사진을요."

"그게 어쨌다는 거죠?"

검사의 항의를 재판장이 제지했다.

"사람들은 남의 일을 자세히 기억하지 못해요. 일주일만 지나도 다 잊어버리죠. 현진이가 피해자가 되고 제가 변호하는 성희가 가해자로 몰린 그날, 가방 사진을 남겨 두었는지 제대로 기억하는 사람은 아무도 없었습니다. 현진이는 그날 정신이 하나도 없었어요. 누가 자기에게 그런 악감정을 품고 있다는 사실이 무서워서 울었습니다. 누구나 그런 일을 당하면 그럴 수밖에 없으니까요. 현진이는 그때 사진을 찍어 증거를 남길 마음의 여유 같은 건 없었습니다."

다시 방청석에서 웅성거림이 일었다. 이제는 마치 효과음처럼 자연스러웠다. 재판장도 제지하기를 잊은 듯했다.

"그 사진은 가짜예요. 제가 현진이에게 그 사진을 주면서 부탁했어요. 그러면 범인을 잡을 수 있을 거라고 했죠. 그리고 소용이 있었습니다. 진짜 그 사진과 실내화 바닥의 무늬를 비교하면 자기가 잡힐 수 있다고 생각한 사람이 있었던 것 같아요."

의자를 끄는 소리가 났다. 변호사가 예상한 방향이었다.

"아니요. 지금 나가지 마세요. 그러면 더 의심스럽잖아요. 그리고 소용없어요. 이미 화요일에 그 일을 벌이기 전, 월요일에 수업이 끝나고 우리 반 신발장을 전부 찍어 두었거든요. 그리고 오늘 재판이 시작되기 전 아이들의 발을 보며 비교해 봤는데 멀쩡한 실내화를 새로 산 사람이 딱 두 명 있었습니다."

변호사는 이 순간 악마처럼 사악하게 웃었다. 같은 편인 성희와 여수조차 소름이 끼칠 정도였다.

"그 사람들이 범인이라는 것은 아닙니다. 이 재판은 피고인 송성희가 무죄라는 사실을 증명하는 자리이지 범인을 잡는 자리가 아니잖아요? 그리고 두 사람이 그냥 자기 실내화에 질려서 새것을 샀을 수도 있으니까요."

변호사의 말이 끝나기 무섭게 방청석에서 한 명이 벌떡 일어나더니 소리쳤다.

"그, 그 실내화가 불편해서 새로 산 거예요. 전 아니에요."

불신으로 가득한 눈빛이 자기를 따갑게 비추자 남자아이는 다시 힘주어 말했다.

"전 진짜 아니에요. 맹세할 수 있어요."

그리고 의자를 질질 끌어 기분 나쁜 소리를 내며 다른 아이가 일어났다. 누가 시키지도 않았는데 알아서 한 일이었다. 물론 아이들의 시선은 아이의 발 쪽으로 집중되었다. 인기 있는 스포츠 용품 브랜드가 큼직하고 선명하게 찍혀 있는 새 슬리퍼는 말 그대로 반짝반짝 빛났다.

"저는……."

3대 2, 혹은 3대 1대 1

    일어선 아이는 끝내 말을 잇지 못하고 그냥 다시 앉았다. 모두 그를 의심했다. 그러나 이 재판에서 그 답을 얻을 수는 없었다. 재판이 끝나기 전까지는 직접 추궁할 수도 없었다. 재판장이 방청석에 앉은 사람은 입을 다물라고 소리친 덕분이었다.

    이 일이 있고 나서 재판은 급격히 지루해졌다. 검사는 의욕을 아예 잃은 듯했고, 변호사도 교실에서 1년 동안 할 말을 다 쏟아낸 사람답게 더는 긴 연설을 들려주지 않았다. 뻔한 이야기들만 오고 갔다.

    그리고 마침내 피고인 송성희가 마지막 발언 기회를 얻었다. 그녀는 사실 긴 이야기를 준비했다. 변호사를 믿지만 만약 그가 실패한다면 스스로 자신을 지키기 위해서였다.

    그러나 변호사는 자기 역할을 다했다. 누구도 그보다 잘할 수는 없었을 거라고 성희는 생각했다. 일주일 전에는 마음이 지쳐서 주머니에 든 메모를 읽지 못했다. 이번에는 필요가 없다고 생각해서 주머니에 든 종이를 꺼내지도 않고 구겨 동그랗게 말았다.

"저는 하지 않았습니다."

성희의 얼굴에서 미소가 피어났다. 여전히 성희를 의심하는 아이들도 그 모습이 아름답다는 것을 부정할 수 없는지 얼굴이 조금 빨개졌다.

재판장은 방청석에 앉은 모두에게 배심원이 되기 위해 제비를 뽑아야 한다고 설명했다. 이미 두 번째라 그 과정은 익숙했다.

새로 뽑힌 배심원 다섯 명 중 지난주에도 배심원이었던 사람은 없었다. 모두 새로운 사람이었다.

변호사는 자기가 수첩에 적은 분석 내용을 거의 외우다시피 했기에 순식간에 성향을 파악했다.

성희가 유죄라고 강하게 생각하는 사람이 한 명, 성희가 유죄일 확률이 높다고 생각하는 사람이 두 명, 중립이 한 명, 성희 편이 한 명.

정리하자면 성희가 유죄라는 쪽에 기울어진 사람이 세 명이고 중립이 한 명이고 성희가 무죄라고 생각하는 사람이 한 명이었다. 그렇다면 배심원의 논의 시간이 길어야 성희에게 유리했다. 성희 편이 숫자가 적으니까 숫자가 더 많은 사람을 설득하려면 그만큼 시간이 걸렸다.

배심원 다섯 명은 복도로 나가서 상의한 다음 만장일치가 되면 들어오게 되어 있었다. 그들이 속삭이는 내용은 교실에서 들리지 않았다. 재판장도 양쪽의 판사도 피고인 송성희도 피해자 박현진도 검사도 변호사도 서기도 남은 방청객도 가볍게 긴장하며 결과를 기다렸다. 누구도 태연하지는 못했다.

적어도 10분은 걸릴 줄 알았는데 배심원들은 3분 만에 문을 열고 들어왔다. 좋지 않은 신호였다. 지난번보다도 짧았다.

"벌써 결론이 나왔나요?"

재판장이 의문을 숨기지 않고 물었다.

"네."

배심원 대표가 대답했다. 굳이 분류하자면 검사 편, 성희가 유죄라고 생각하는 아이였다.

"결과가 적힌 종이를 주세요."

재판장은 묘한 미소를 지으며 양쪽 판사들에게 결과를 보여 주었다. 표정을 숨기라는 경고도 잊지 않았다. 어린 판사들은 그 말을 충실히 따르려고 노력했다.

"결과가 일찍 나왔네요. 피고인 송성희는 무죄입니다."

교실에 선생님 열 명이 있어도 막지 못할 환호성이 터져 나왔다. 변호사와 성희는 너무 기쁜 나머지 방방 뛰며 살짝 포옹까지 했다가 남들의 시선을 의식해서 멀리 떨어졌다. 괜한 걱정이었다. 모두가 흥분한 나머지 정작 두 사람에게는 별 관심이 없었다.

메시지

 성희는 아침부터 핸드폰을 들고 변호사에게 보낼 말을 생각했다. 어떤 것은 너무 딱딱하고 어떤 것은 너무 유치하고 어떤 것은 너무 부끄러웠다. 그래서 저녁에 전송된 말은 겨우 세 글자였다.
 - 고마워
 답장은 금방 왔다.
 - 응

새로운 일상

재판은 끝났다. 성희는 홀가분한 마음으로 학교에 갔다. 이 학교에 입학한 후로 오늘처럼 이렇게 마음이 평온한 적이 없었다. 한번 큰일을 겪고 나면 세상 모든 일에 감사하는 사람으로 변한다더니 정말 그런 듯했다.

좋은 일은 겹쳐서 일어난다고 교문에서 여수도 만났다. 둘은 금요일에 그랬던 것처럼 다시 얼싸안으며 승리의 기쁨을 나누었다.

"어떻게 할 거야?"

복도를 지나며 여수가 물었다.

"뭘?"

"변호사."

아, 그 아이는 이제 별명이 변호사가 되었구나. 재판이 끝났는데.

"뭘 어떡해?"

"같이 빙수 먹으러 가기로 했잖아?"

"당연히 가야지. 너도 가자."

"그래."

여수는 말끝을 흐렸다. 여수가 걱정하는 것이 무엇인지 성희도 조금은 짐작이 갔다. 재판이 끝나면 변호사는 어떻게 되는 거지? 다시 아무도 관심을 두지 않는 아이로 돌아가는 건가? 음침한 아이로? 그런데 변호사가 정말 음침했던가?

성희는 교실에 들어가자마자 변호사에게 다가가 약속대로 빙수 먹으러 가자고 말할 생각이었지만 계획이란 어차피 실패하기 위해 존재하는 것이었다.

"송성희다."

누가 이렇게 외치는 것을 시작으로 아이들이 다가와서 의심해서 미안하다고 사과하는 통에 정신이 없었다. 피해자였던 현진도 환하게 웃으며 말했다.

"사실 난 네가 아닌 줄 알았어."

성희는 그 말을 믿지 않았다. 하지만 나쁜 일을 당하면 누구든 사람을 의심하게 되는 법이니까 그 정도는 이해할 수 있었다. 그리고 변호사는?

"변……"

성희가 변호사를 부르면 아이들은 호들갑을 떨면서 두 사람을 놀릴 것이다. 성희의 입술은 주인의 뜻에 따라 소리를 내기 무섭게 맞부딪쳤다. 부르르 떨리면서 감탄사 비슷한 이상한 소리가 났다. 다행히 아이들은 성희가 원래 말하려던 것을 눈치채지 못했다.

성희는 여수와 이야기하면서 곁눈으로 변호사를 확인했다. 이럴 수가. 변호사는 마치 지난주 금요일에 재판이 없었던 사람처럼 뒤쪽 구석 자기 자리에 앉아서 법정 스릴러인지 뭔지를 읽고 있었다. 재판이 열리기 전, 변호사가 되기 전과 똑같았다. 아이들이 성희에게 사과하건 교실이 소란스럽건 그에게는 아무 차이도 없는 듯했다.

성희는 이유 없이 울컥 화가 났다. 그래서 변호사에게 가는 대신 그냥 자리에 눌러앉았다.

그러나 점심시간이 되자 마음이 바뀌었다. 변호사는 보통 혼자 앉아서 밥을 먹었다. 옆에 아이들이 앉는 것은 빈자리라 그런 거지 변호사와 밥을 먹기 위해서가 아니었다. 변호사는 밥을 먹으면서도 손에서 책을 놓지 않았다. 그래서 더 접근하기가 어려웠다.

"너, 설마?"

여수가 옆에서 눈치를 채고 물었다. 하기는 성희의 눈이 변호사에게 고정되어 있었으니 모를 수가 없었다.

"응, 왜?"

"아니야."

성희의 계획에는 문제가 없었다. 성희가 남들의 시선을 무시할 수만 있다면 성공이었다. 그런데 변수가 하나 있기는 했다.

"변호사, 밥 같이 먹자."

남자아이들 몇 명이 변호사 앞과 옆에 앉으면서 친한 척했다. 평소에는 말도 안 걸던 것들이 그러는 모습을 보고 성희는 약간 화가 났다.

"금요일에 진짜 대단했어."

그렇게 소리치는 아이도 있었다. 책에 집중하고 싶었던 변호사는 당황한 얼굴을 감추지 못하고 응 소리만 반복했다.

마지막 기회는 수업이 모두 끝난 다음에야 찾아왔다. 어차피 내일도 있었다. 그러나 성희는 알았다. 오늘 말을 걸지 않으면 내일부터는 영원히 어색해질 것이다. 그러면 지키지 못한 약속이 악몽처럼 불쑥불쑥 나타나 성희를 괴롭힐 것이다. 기회는 오직 한 번 남았다.

다행히 변호사는 다른 사람들보다 더 늦게 집에 갔다. 책을 읽으면서 시간을 한참 끌었으니 조금만 더 시간을 끌면 기회를 얻을 수 있었다. 그러기 위해서 여수까지 먼저 보내 놓은 참이었다.

아, 그런데 교실에는 담임 선생님이자 한때 재판장이었던 사람이 있었다. 평소에는 곧바로 교무실로 가서 사라지건만 이날에는 업무가 바쁜지 교실에 계속 남아 있었다.

성희는 가방을 정리하는 척하며 뭉그적댔다. 변호사는 읽던 부분을 마저 읽고 일어날 생각이었다. 담임 선생님은 키보드를 두드리다 말고 고개를 들어 목 근육을 풀었다. 그러다가 안경 너머로 둘의 모습을 확인했다. 그녀는 표정 변화 없이 일어나 앞문을 열고 나가 버렸다. 컴퓨터 모니터는 여전히 켜진 채였다.

성희는 기회를 놓치지 않고 변호사에게 다가갔다. 변호사는 그런 줄도 모르고 책을 읽느라 조금은 멍한 얼굴이었다.

"저기."

변호사는 곧바로 고개를 들었다.

"응?"

"우리 약속했잖아. 빙수."

"아, 그렇지."

"토요일에 가자. 아, 당연히 여수도 같이."

당연히, 라는 말은 하지 않아도 좋았을 것 같았다.

"그래, 가자."

"내가 사는 거야."

변호사는 이를 살짝 드러내며 웃었다.

"그건 당연하잖아?"

다시 회상

"귀찮잖아요."

"하지만 이 이야기를 들으면 생각이 달라질걸? 저기 앞에서 보면 말이야. 교실 안에 있는 아이들의 행동이 하나하나 다 눈에 들어온단 말이지. 예를 들어 우리 반에는 교실에서 항상 책만 읽는 아이가 있는데, 그 아이가 어쩌다 고개를 들 때마다 항상 같은 아이만 보고 있다는 사실을 알아?"

선생님은 당황해서 얼굴이 빨개진 아이를 보고도 멈추지 않고 더 몰아붙였다.

"매일 쳐다보던 그 아이가 지금 위기에 빠져 있는데 어떻게 구할지 단 한 번도 상상해 본 적이 없다고? 맹세할 수 있어?"

"사실 한 가지 방법이 있기는 해요."

"그러면 그걸 현실로 만들어 봐. 살면서 두 번 다시 오지 않을 기회니까."

 듣고 있던 아이의 눈빛이 강하게 흔들렸다. 이러면, 이러면 절대로 거절할 수 없지.

작가의 말

짐작했겠지만 어린 시절 나는 법정 스릴러를 열심히 읽었다. 한때 변호사가 될까 생각해 본 적도 있었지만 게으른 사람이라 시도조차 하지 못했다.

어린이 추리 소설 공모전의 심사를 맡으면서 사람들이 생각하는 어린이 추리 소설이 너무 획일적이라는 생각이 들었다. 대부분 어린이 탐정이 등장해서 범인을 찾는 전형적인 이야기만 떠올렸다.

그래서 어린이 법정 스릴러를 한번 써 보기로 했다.

항상 그렇듯이 나는 내 책으로 누군가를 가르치고 교훈을 주려는 마음이 없다. 다만 이들이 벌인 재판은 어린이들의 귀여운 놀이나 어른 흉내가 아니라 진지한 재판이었다.

주인공의 이름이 끝까지 나오지 않는 것은 아는 사람은 아는 내 악취미 때문일 수도 있다. 하지만 다르게 생각해 본다면 재판에서 변호사는 언제나 '변호사'일 뿐이고 그것으로 충분하다.

2025년 6월
허교범

일러두기

1심
재판을 한 번만 하면 잘못된 판단이 나올 수 있어서 우리나라는 보통 세 번 재판받을 기회를 준다. 이것을 3심 제도라고 하는데 그중 첫 재판이 1심이다.

검사
범죄가 일어났을 때 국가를 대신해서 재판을 요구하는 사람이다. 검사는 법정에서 피고인이 범죄를 저질렀다는 것을 증명하려고 노력한다.

국민참여재판
다른 나라에는 판사 대신 일반 시민 중에서 뽑힌 배심원이 유죄와 무죄를 판단하는 제도가 있다. 우리나라도 배심원이 재판에 참여하는 국민참여재판 제도를 시행하고 있다.

배심원
일반 시민 중에서 뽑힌 사람들로 재판에 참여해서 피고인의 유죄와 무죄를 판단한다. 판사의 역할을 일반 시민들이 나누어 가진다고 생각하면 된다.

변호사
보통 사람들은 법에 대해서 잘 모른다. 법을 잘 아는 변호사는 피해를 당해 재판을 요구하거나 반대로 피해를 줬다고 의심받아 재판받게 된 사람들을 대신해 재판에서 의견을 주장해 준다.

반대 신문
재판에서 상대편이 부른 증인에게도 질문할 기회를 주는데 이때 질문하는 것을 반대 신문이라고 한다. 이 기회를 잘 활용하면 상대편 증인이 한 말이 잘못되었거나 중요하지 않다는 것을 밝힐 수 있다. 재판을 다룬 이야기에서 중요한 역전이 벌어지는 순간이기도 하다.

재판장
판사 여러 명이 재판에 참여할 때 그중 대표인 사람을 재판장이라고 한다.

판사
재판에서 판결하는 사람이다. 더 쉽게 말하면 재판의 결과를 정하는 사람이라고 할 수 있다.

피고인
범죄를 저지른 것으로 의심받아 재판받게 된 사람이다. 검사는 피고인이 범죄를 저질렀다는 것을 증명하려고 하고, 변호사는 피고인을 대신해 검사의 주장에 맞선다.

어린 변호사

초판 1쇄 발행 2025년 6월 25일 **초판 4쇄 발행** 2025년 10월 24일

지은이 허교범
그린이 현단
펴낸이 최순영

어린이 문학1 팀장 박현숙 **편집** 김민정
키즈 디자인 팀장 이수현 **디자인** 이은하

펴낸곳 ㈜위즈덤하우스 **출판등록** 2000년 5월 23일 제13-1071호
주소 서울특별시 마포구 양화로 19 합정오피스빌딩 17층
전화 02) 2179-5600 **내용문의** 02) 2179-5707
홈페이지 www.wisdomhouse.co.kr **전자우편** kids@wisdomhouse.co.kr

ⓒ 허교범·현단, 2025

ISBN 979-11-94770-10-7 74800
       978-89-6247-995-9 (세트)

* 이 책의 전부 또는 일부 내용을 재사용하려면 반드시 사전에 저작권자와
  ㈜위즈덤하우스의 동의를 받아야 합니다.
* 인쇄·제작 및 유통상의 파본 도서는 구입하신 서점에서 바꿔드립니다.
* 책값은 뒤표지에 있습니다.
* 이 책의 사용 연령은 8~13세 입니다.